Salt e Luce

VOLUME 1

Preparo de originais: Gabrielle Antunes
Supervisão de texto: Jéssica H. Furtado
Revisão: Alessandra Moreira
Diagramação: Cintia Rodrigues
Capa: Ygor Moretti
Ilustração: Luciana Dias Pereira

Catalogação na publicação
Elaborada por Bibliotecária Janaina Ramos – CRB-8/9166

P436s

Pereira, Luciana Dias

Salt e Luce: Volume I / Luciana Dias Pereira. – Rio de Janeiro: Ases da Literatura, 2024.

184 p.; il.; 14 X 21 cm

ISBN 978-65-5428-518-6

1. Literatura infantojuvenil. I. Pereira, Luciana Dias. II. Título.

CDD 028.5

Índice para catálogo sistemático
I.   Literatura infantojuvenil

LUCIANA DIAS PEREIRA

Salt e Luce

VOLUME 1

Dedicatória

Dedico e consagro este livro a Deus, autor da minha fé.

A meus pais José (in memorian) e Iolanda por me amarem e ensinarem o caminho do amor a Deus na pessoa de nosso senhor e salvador Jesus Cristo. Minhas irmãs Marcia e Alessandra. Meus cunhados Gerlan e Dennis. Meus sobrinhos Gerlan Jr., Marjorie, Aimèe e Derek. A Eduardo (Scre) e aos amigos que sempre me apoiaram e de uma maneira ou de outra me inspiram com suas vidas. Sem vocês, a vida não seria poesia. Essa história é um somatório de todas as vidas que vi, de todo caminho que percorri e de todo amor que recebi.

Agradecimentos

Agradeço a Deus, autor de nossas vidas, que nos concedeu a oportunidade de sermos co-participantes na história que, com muito amor, Ele criou. A inspiração para tudo o que fazemos vem d'Ele. A Ele a honra, glória, louvor e o domínio pelos séculos dos séculos. Amém!

À minha família, que Deus me presenteou para compartilharmos juntos essa história chamada vida!

Prefácio

Caro leitor.

Se você estiver lendo esta carta significa que você é o novo morador da antiga casa que eu alugava enquanto vivia em Terra Nova. Precisei me mudar, pois as obras no complexo são demasiado barulhentas e não consigo me concentrar em ler as histórias que Salt e Luce me enviam. Conheci os dois quando fui de férias à Ilha dos Pássaros, e ao saberem que eu era professora e escrevia por prazer, me pediram para registrar as histórias que seu velho avô os contava. Diziam que queriam deixar tudo por escrito, para que outros conhecessem o paraíso chamado Gran. Edin.

Confesso que escrever para aqueles dois foi uma tarefa fácil, visto que todos os dias vinham me contar alguma novidade que aprenderam naquela antiga casa na praia. A Ilha é um lugar bastante agradável e com uma vista incrível do alto da montanha! E sabe o melhor? Posso continuar minhas pesquisas em boa companhia!

Você deve estar se perguntando por que estou lhe escrevendo esta carta. Preciso que você me ajude a repassar o que Salt e Luce me contaram! Sempre fui curiosa sobre o mundo, e toda informação que recebia era como descobrir um tesouro perdido. Quando era criança, ao passar muito tempo observando o céu, desejei ser cientista! Tantas eram as possibilidades, que me vi entre a admiração por dois universos: o que existe lá fora e o que temos dentro de nós. Descobri que, na verdade, mergulhando no mundo das palavras também poderia voar pelo espaço afora. E é por isso que estou aqui! Mas estou ocupada com algumas pesquisas e preciso que alguém se encarregue de anunciar as descobertas que tenho feito graças a eles! Dizem que observar o céu aqui na Ilha é como ver estrelas que parecem pedras preciosas de tão brilhantes... Talvez eu possa ver pessoalmente as coisas que aqueles dois me contaram. Eu gostaria de encontrar berços estelares, diferentes galáxias e novos planetas, mas eu também sei que podemos nos deparar com espaços vazios e sem luz. Salt e Luce tiveram essa experiência. Eles desejaram tanto poder encontrar Gran. Edin, que não imaginavam os momentos difíceis pelos quais passariam...

Espero que aprecie as cartas que envio. Nas palavras há mundos esquecidos... Afinal, a vida é mais do que os olhos podem ver...

Luciana Dias Pereira

Sumário

CAPÍTULO 1

Escrito I: Pássaros-Pipa

Esta é a história de dois irmãos... Pessoas normais como você e eu. Nascidos em um mundo com uma história já escrita, um princípio, um meio e um fim. E após o fim... Um novo começo.

Luce estava deitada na rede da varanda da casa dos avós. O dia estava quente e seco, típico do verão na Ilha dos Pássaros. O sol pincelava de laranja as últimas cores do quadro celeste no fim da tarde. A menina observava a mudança de nuances atentamente enquanto esperava ansiosa ouvir o motor do carro de seu avô chegando a casa.

Eu deveria ter trazido o meu caderno!, pensou consigo mesma. A menina gostava de se inspirar vendo a sorte de cores que mudava a cada dia naquele lugar que considerava mágico. Seu passatempo era sentar-se na rede, balançando-se, observando o ângulo entre as montanhas que via ao longe, e escrever algumas linhas sobre poesia. Foi quando se lembrou de um pequeno verso que havia lido em um dos livros de sua avó.

*Daquele ponto, naquela hora do dia, a cena
se repetia, com diferentes cores que na tela
aparecia. E os raios, que são as talentosas mãos
do Sol, com amável delicadeza o céu tingia.*

A Ilha dos Pássaros era um vilarejo antigo que pertencia à cidade de Queluz. Ficava há poucos quilômetros da costa, ligada por uma ponte que foi construída na época do império, séculos atrás, a fim de que carruagens e carroças pudessem atravessar e não dependessem apenas da travessia a barco. As casas eram habitadas por moradores antigos, que haviam vivido ali por toda vida, assim como os avós Joseph e Ioli. O nome da ilha fora dado pelos primeiros moradores do local, pois a área sempre foi povoada por muitos pássaros de diversas espécies. Uma em especial estava em extinção, existia apenas na Mata Atlântica brasileira e tinha migrado para a pequena ilha: a *Nemosia rourei*, ou, como era mais conhecida, Saíra-apunhalada, que vivia nas altas montanhas da região. Próximo à Ilha, ficava um ponto turístico muito conhecido, o Cabo Queluz, onde havia uma base da Aeronáutica que servia de testes para envio de satélites ao espaço, em parceria com outros países vizinhos. Muitas pessoas gostavam de ir ao local para observar os lançamentos, que se tornavam verdadeiros eventos com um grande comércio local.

Luce e seu irmão Salt passavam as férias escolares na casa dos avós, momentos que sempre os animavam. Eles amavam aquele lugar onde aprenderam a conviver com a natureza. Distante da modernidade dos aparelhos eletrônicos que sempre chamam a atenção de crianças e jovens, os dois irmãos tinham uma vida que muito diferenciava de seus amigos de escola. Aprenderam brincadeiras antigas com as tias, ficavam boa parte do dia no quintal da casa ou em passeios pela praia com o avô. Não faltavam momentos divertidos que eles improvisavam em família. Uma das brincadeiras que mais gostavam de fazer era soltar pipa. Faziam de conta que elas eram como os muitos pássaros que voavam pela ilha. Gostavam dessa liberdade que o céu inspirava de poder estar em qualquer lugar sem que nada estivesse em seu caminho.

A menina olhou para a pequena estrada de cimento que levava ao portão da casa. Estava ansiosa esperando o avô chegar, pois queria pedir que ele contasse mais uma de suas histórias para ela e o irmão. Voltou os olhos para o céu, mas dessa vez o movimento de um pássaro em particular chamou a sua atenção. A ave branca poderia facilmente passar despercebida confundida com as poucas nuvens que apareciam, não fosse o fato de descer em direção à sua casa. Luce continuou parada a fim de não espantar o animal que pousara sobre um dos tocos de madeira que formava a cerca. Após o pouso, o animal ficou imóvel observando o entorno, até que seus olhos encontraram os da menina. Ela sorriu com a ideia de que o pássaro estava a encarando. É raro conseguir a atenção de um animal quando os olhos se cruzam. O avô lhe ensinara que, quando isso acontece, é porque uma conexão se fez entre os dois e naquele instante ambos poderiam se comunicar.

— Eu gostaria de saber no que ele está pensando...

Instantes depois, a menina foi despertada pelo barulho do motor do carro que chegava, o que também espantou o pássaro de onde estava, fazendo-o voar para longe. Ela saltou da rede e correu em direção ao portão para abrir. Finalmente o amado avô estava ali, e passariam mais momentos juntos e felizes. Ele saiu do veículo e deu um abraço apertado na neta. Era um homem muito bom que amava sua família. Sua esposa Ioli era uma mulher muito gentil e sempre foi um apoio ao esposo, permanecendo na Ilha mesmo tendo oportunidades de viver na cidade grande. Ela era apaixonada por livros, história e artes. Tinha um quarto onde guardava seus materiais e pintava telas que retratavam o dia a dia das pessoas na Ilha. Era ali que Luce e Salt muitas vezes pegavam pincéis e tintas, e iam à praia para pintar. Sempre levavam para a avó decidir qual dos dois tinha feito o melhor desenho, usando isso como disfarce para que ela não brigasse com eles por terem usado seus pertences. A bondosa avó emoldurava e pendurava os desenhos espalhados pelas paredes da casa.

O casal tinha três filhas: Marvi, Aleena e Stella. Marvi era a mais velha das três irmãs. Era professora e lecionava português aos estrangeiros de língua espanhola e francesa no centro do Cabo Queluz, vizinha da Ilha dos Pássaros, onde o esposo Gilbert era chefe dos bombeiros. Seus filhos Gael e Pérola, ambos jovens com 19 e 17 anos, estavam estudando na academia militar. O sonho dos dois era poder trabalhar no Cabo Queluz no centro aeronáutico e continuar vivendo perto de sua família, pois desfrutaram da mesma infância que os primos Luce e Salt, e sempre esperavam ansiosos os períodos de férias para encontrar toda a família para passar algum tempo juntos.

A segunda filha, Aleena, era casada com Dimitri, e ambos eram pais de Luce e Salt. Eles viviam como advogados em Terra Nova, no Continente, e foram responsáveis pelo processo em defesa dos moradores da Ilha dos Pássaros quando o governo local entrou com ação de desapropriação das casas para a construção de complexos hoteleiros. Ensinaram seus filhos sobre o respeito e o amor que o meio ambiente precisa receber para ser um lugar acolhedor para todos os seres, e isso influenciou muito a vida das duas crianças.

Stella, a caçula das três irmãs, era escritora e designer. Acabara de ser admitida em uma empresa que desenvolvia jogos. Desde criança, se perdia entre os desenhos animados que via na televisão e os jogos de vídeo game. A partir daí, veio o interesse por desenhar e criar histórias com seres e lugares fantásticos, tornando o sonho de infância em trabalho na vida adulta. Havia se mudado recentemente para a casa de sua irmã, em Terra Nova, e sentia-se feliz em poder fazer o que sempre gostou. Para ela, o trabalho só poderia ser chamado de "trabalho" quando a pessoa fazia apenas por obrigação, e aquele não era o seu caso. Escrever e desenhar não davam trabalho algum, pelo contrário, poderia passar horas esboçando linhas, formas e criando histórias sem fim.

Joseph e Ioli Pellegrini estavam orgulhosos por suas filhas terem seguido suas paixões na vida. Sempre as incentivaram não apenas com palavras, mas com exemplo. O homem trabalhava com mecânica de carros desde muito jovem. Nunca faltou trabalho para ele na pequena ilha. Além de consertar automóveis, ajudava com os navios pesqueiros da região, consertando motores. Era muito respeitado e habilidoso, querido por todos. Nos momentos de lazer, entrava no sótão da casa, onde mantinha uma oficina. Ali tinha muitos objetos em desuso que seus amigos traziam para que ele tentasse consertar. Depois os objetos eram separados e disponibilizados para pessoas necessitadas levarem para suas casas. Era um verdadeiro serviço comunitário que ele e outros moradores se dedicavam a fazer na Ilha.

Ioli, por sua vez, aproveitava se dedicando à pintura, que era um de seus hobbies preferidos, além de cuidar da horta com os mais variados tipos de legumes e hortaliças, dos quais se orgulhava por terem a melhor qualidade em toda a ilha, mais do que os que encontravam nos grandes mercados, vindos do Continente.

O velho homem e a neta entraram na casa, sendo recebidos pela esposa e Salt, que os esperavam para o café que a matriarca preparara. Mal adentraram, e o menino pulou do sofá, puxando a mão de seu avô para segui-lo.

— Vovô, o senhor poderia contar mais uma de suas histórias para gente hoje? — perguntou o menino muito animado, com uma expressão ansiosa e agitada, sem esperar a irmã que havia ido lavar as mãos para a refeição.

—Salt... O avô de vocês teve muito trabalho hoje. Ele precisa descansar — ponderou a bondosa senhora, que servia o café da tarde para a família.

— Não se preocupe, querida. Eu estou bem! Vamos ver o que nossos netos querem saber dessa vez. Acredito que eu já tenha contado muitas histórias!

Enquanto eles se acomodavam na mesa para comer as delícias que dona Ioli preparou, a voz de Luce soou crescente desde o fundo do longo corredor que dava acesso aos quartos:

— Ei! Esperem por mim! Salt, você combinou comigo que iríamos estar todos juntos para ouvir o vovô!

— reclamou a menina que se aproximava com o rosto contrariado.

— Desculpe, Luce... Eu só estava preparando o vovô antes que ele ligasse a TV. Você sabe que, quando começam as notícias, ele não desgruda por nada desse mundo!

Ao olhar para Luce, o bondoso avô a convidou para sentar-se mais perto de si.

— Seu sorriso é uma luz iluminando esta casa, Luce. — A menina sorriu mais ainda para o avô, o abraçando com o carinho que só quem conhece o significado de amar pode sentir. — Não se preocupem, crianças, eu prefiro estar na companhia de vocês a ligar a TV e ter que ver mais do mesmo. Criminalidades, guerras... Garanto que não me atrai esse tema. É melhor terminarmos o dia com palavras que nos façam sonhar do que as que nos fazem ter pesadelos acordados — o avô falou com uma expressão contrariada.

Quando todos estavam acomodados e, após tomar alguns goles de café, o amável senhor deu pequenas tossidas a fim de chamar a atenção das crianças, que, a essa altura, já estavam distraídas, planejando o que fariam no dia seguinte. O homem, enfim, perguntou aos dois à sua frente:

— E então? O que vocês querem saber desta vez? Acredito que já tenha contado histórias o suficiente para que vocês possam me recontar em vez de contá-las para vocês. Estou velho, e minha memória não é das melhores. — Riu.

— Velho nada, vovô! O senhor é experiente! — afirmou Salt balançando a cabeça em sinal positivo.

— Você é um rapazinho muito gentil e esperto, Salt... Hum... Por onde podemos começar?

— Pelo começo, meu querido! — Ioli riu com o que dizia, se aproximando do esposo e dando-lhe um beijo na face. O homem devolveu o sorriso, explicando o que acabou de dizer:

— O que eu quero dizer é que as crianças sempre têm uma curiosidade diferente. Imagino que desta vez seja igual.

— Vovô... É que, na verdade, ontem Salt e eu estávamos olhando a Lua. Poderia existir alguma história interessante sobre ela?

— Sim... A gente sabe que o Sol e a Lua nos ajudam a ter a luz durante o dia e a noite... Claro que, para um planeta tão grande quanto a Terra, eles precisavam ser grandes também, mas... Eles fazem mais do que iluminar e ajudar a gente a viver? — perguntou Salt. — Eu acho um desperdício de material! — falou, colocando a mão no queixo.

— Como assim, meu neto?

— Vovô... O que adianta ter tanta coisa lá no céu, se a gente não pode andar, explorar ou pegar um pedacinho dele para levar para casa? Só os astronautas conseguem ir até lá. Se eu fosse um alienígena, eu ia achar o nosso planeta bem pequeno. Seria como ir dar uma volta na praia para brincar e depois voltar para casa. Eu ainda ficaria com vontade de visitar os outros lugares que existem na Ilha, como o alto da montanha ou até mesmo dar um passeio pelo Cabo Queluz! Poderia existir uma escada que levasse a gente para cada astro que a gente quisesse visitar no espaço!

— Oh... Sim... Agora entendo o que você quer dizer... Bom... É claro que ia ser interessante dar uma volta pelo universo, ficar parado no ponto de ônibus em um dos anéis de Saturno e subir no primeiro trem cometa que passasse. Mas nós temos limitações neste mundo. Limitações que o próprio homem escolheu, conforme eu penso.

— Como assim, vovô? As pessoas procuram conhecer todas essas coisas, certo? Existem o programa espacial, o telescópio, os foguetes e tantas outras coisas para tentar desvendar os mistérios que não conhecemos sobre o universo. O que o senhor quer dizer com isso? — Luce perguntou intrigada.

— Então eu devo começar a contar a história... Mas é como eu disse... Um pensamento de seu velho avô... Isso foi passado pelo meu pai, e para ele por meu avô, e assim por todas as gerações passadas — falou, sorrindo, o humilde senhor.

Escrito II:
Criação, Ordem e Caos

Em um período fora do alcance da imaginação do homem, mais distante da mente do que os confins do universo estão dos olhares, antes da existência de qualquer criatura humana na Terra, havia um reino imaterial, onde diferentes seres viviam. Um lugar que não era regido sob nosso conceito de tempo ou espaço. Apenas Aidios, o rei soberano, tinha o poder de criar conforme a sua vontade, sentado em seu trono sempiterno. Diferente de tudo o que estamos acostumados e aprendemos, sua criação não se baseava em estudos, materiais e uso de ferramentas. Um pintor se utiliza de quadro e pincéis; uma costureira, linha, agulha e tecido; um músico dá vida a suas melodias por meio dos instrumentos, porém Aidios usava Logos para trazer à existência tudo o que sua mente decidia. É difícil explicar como eles viviam, pois não existia matéria ou coisas palpáveis. Tudo era o que podemos dizer "etéreo".

Vendo que o reino estava feliz e que os seres que ali habitavam desfrutavam da presença de seu rei, Aidios, como criador, decidiu que a existência no "reino que não se via" estava completa e satisfatória. Todos amavam seu rei e traziam honrarias por tudo o que Ele era em suas vidas, assim como um pai amoroso trata seus filhos e recebe esse amor de volta. Porém, em certo momento dessa eternidade, decidiu que era hora de começar um novo projeto. Este, no entanto, seria diferente de tudo o que havia feito antes.

Com seu imensurável manto real, sustentava toda a criação no "reino que não se via". Decidiu que era momento de fazer uma coroa para si mesmo em um "reino que se podia ver". Foi, então, que Ele fez o universo, as nebulosas, as estrelas, os planetas e todos os outros objetos celestes que nossos telescópios podem detectar.

Como bolas que se dispõem em uma mesa de sinuca após uma jogada, os astros se espalhavam pelo tecido do manto de Aidios. Eram pedras preciosas do céu noturno, sendo bordadas no manto do magnífico rei. Em meio a esse reinado celeste, um ponto azul se destacava dos demais. Não por ser mais bonito ou majestoso, mas pelo Criador simplesmente ter decidido pairar seu espírito ali. O lugar inteiro espelhava o azul profundo do céu, que nesse tempo era iluminado pela luz que vinha de Aidios. Por esse motivo, muito diferente dos demais astros que foram criados no universo, era chamado apenas de "Mayim" ou "água".

Foi naquele pequeno ponto azul que o Criador começou sua obra. Olhando para as águas que se moviam sob seus pés, deu ordens para que uma parte seca surgisse e separasse as águas de baixo das que estavam acima. Foi assim que surgiu uma grande extensão onde não havia água. O que antes era conhecido como "Mayim" entre os seres passou a ser chamado "Érets" ou "Terra".

Existiam ervas do campo, flores, florestas, montanhas, rios e mares, todo um ambiente criado e preparado para o que viria a seguir. Seres que foram criados para viver cada um em seu domínio. Esses lugares eram chamados de: Mayim, Shamayim e Adamah. Todos os habitantes foram criados conforme a natureza de cada região para que pudessem interagir no ambiente específico de nascimento. Foi como um processo inverso de entropia: a sintropia. Do caótico à ordem e à beleza da criação. Era exatamente como o preparo e o cuidado que um jardineiro faz no jardim antes que as flores brotem com suas cores e formas. Aidios, satisfeito com o que havia feito, chamou aquele novo lugar de "Gran.Edin".

Os seres humanos recém-criados foram designados a viverem na região de Adamah, que fazia parte de Gran.Edin. Deveriam dominar as demais criaturas e regiões. Esse foi um período em que as pessoas eram bondosas umas com as outras. Havia harmonia entre todos os seres. Os homens cuidavam da natureza, e ela fornecia a eles o necessário para viver.

Os animais que hoje conhecemos como selvagens eram companheiros dos seres humanos e dividiam o mesmo espaço com eles, respeitando a hierarquia ali criada por Aidios.

Era literalmente um reino, porém sem palácios e muros. A própria natureza de Gran.Edin era como o nosso conceito de castelo, mas a céu aberto. Os troncos das árvores eram suas colunas; e as copas, as bandeiras anunciando a grandeza do lugar. Havia pedras preciosas encravadas no chão, como um longo tapete colorido que se estendia por várias direções. Os banquetes eram preparados colhendo as frutas frescas que cresciam no pomar, com os mais deliciosos sabores que qualquer pessoa poderia comer ou beber. Havia música e festa, embaladas pelo canto dos pássaros e pelo assobio do vento que faziam as flores ensinarem as pessoas a dançar.

A autoridade desse lugar foi dada à primeira pessoa que o criador fez. O nome desse homem era Ish, ou príncipe Ish, como todos costumavam chamá-lo. Ele era bom e foi dotado de grande inteligência e sabedoria. Assim como o manto representava "o reino que não se podia ver", a coroa da criação de Aidios feita "no reino que se podia ver" representava o poder que o homem tinha para governar a terra. Sendo o mais antigo de todos os seres humanos, desenvolveu o que chamamos de tecnologia, inventando alguns dos principais recursos que as pessoas usavam tanto para o trabalho no campo quanto para suas moradias.

Era alguém em quem todos podiam colocar sua confiança, pois ele tinha relação íntima com o criador. Sendo o primeiro, foi o único que havia sido criado do pó da terra, ou, como os antigos costumavam dizer, da "poeira das estrelas".

A população em Gran.Edin era pequena. Não se contava mais do que 5.000 habitantes. Pouco tempo havia se passado desde que o reino fora estabelecido; e o senso para contabilizar o povo, criado. Nossos ancestrais explicavam sobre o mito em relação à idade dos povos que nasceram em Adamah. Muitos chegaram a viver por mais de 900 anos. O primeiro século de suas vidas girava em torno da infância. Eles passavam seus dias aprendendo mais sobre a vida, tentando extrair o máximo de informação que podiam. O conceito de tempo era pouco significativo no que se referia à passagem de vida das pessoas, pois, a princípio, nasciam com o dom de não morrerem. A criação do tempo foi apenas para marcar o nascer do dia e da noite. As estações como conhecemos não existiam. O frio ou o calor excessivo não eram uma característica marcante nessa época. O que conhecemos como primavera era a paisagem comum que se via, com uma vegetação peculiar e muito bonita, havendo apenas as chuvas para regar a terra.

As pessoas eram felizes, não ficavam doentes, e não havia brigas ou guerras. Viviam na companhia umas das outras, aprendendo mais sobre o mundo que havia sido dado de presente a elas. Os primitivos da terra tiveram a oportunidade de ver vários eclipses e movimentos das estrelas dada sua longevidade. Suas observações foram feitas por séculos, pelas mesmas pessoas. Imagina que incrível poder acompanhar o nascimento de uma estrela como mais um ponto brilhante surgindo no meio de uma constelação? Esse e outros tipos de conhecimento foram passados de geração a outra. Foi dessa maneira que as civilizações se desenvolveram. Considerando a idade média que uma pessoa vive hoje e o avanço da ciência no último milênio, imagina o que seria para um único homem vivenciar todo esse período acumulando experiência? Se hoje admiramos pessoas como Einstein, Tesla, Graham Bell, que tiveram menos de um século para observar, aprender e aplicar suas descobertas, imagina alguém que viveu por mais de 900 anos? Essa riqueza do conhecimento foi adquirida por anos de observações e vivências, com a capacidade que o criador nos deu para entender sobre a vida. Os seres humanos, animais, plantas e minerais estavam em sua forma mais pura e excelente. A civilização daquela época era muito próspera. Um evento, entretanto, mudou a natureza dos homens e da criação em Gran.Edin.

— Que tipo de evento, vovô? Chegaram alienígenas do espaço? — Salt, a essa altura, já imaginava muitas coisas que envolviam naves espaciais, monstros do tamanho de montanhas e armas a laser, como em suas brincadeiras de faz de conta. Joseph sorriu ao ver o neto dar socos pelo ar, pulando de sofá a outro, animado com a possibilidade de tudo com o que sempre brincava pudesse ser real.

— Como eu disse, antes as pessoas, os animais e as plantas desse lugar não haviam sido feitos para morrer. Desconheciam dor e sofrimento. Até que o mal encontrou um espaço para agir nesse lugar.

— Eu não entendo, vovô. Eu duvido que alguém deixasse o mal morar em Gran.Edin. É impossível que um lugar tão especial e bom, com pessoas tão inteligentes, pudesse receber isso sem fazer nada! — Luce se revoltou com a ideia.

— O mal sempre encontra um lugar disponível para habitar. Esgueirando-se por entre as florestas, observava os habitantes em Gran.Edin trabalharem, festejarem, cultivarem a terra...

Luce havia ficado pensativa sobre as últimas palavras de seu avô.

— Qual é a aparência dele? Quero dizer... fisicamente? — perguntou a menina, e Salt rapidamente se arriscou a imaginá-lo como os monstros espaciais que via nos desenhos.

— Ele tinha olhos e garras assustadoras?

— Essa é uma boa pergunta... Na verdade, não, Salt... Ele era um ser diferente de outros que havia em Gran.Edin. Não era humano, mas também não era exatamente um animal... A sua natureza era oriunda do "reino que não se via"... Digamos que ele tomou a forma de algum dos seres que lá viviam, para que não causasse estranheza entre os homens, esperando, então, a melhor oportunidade para agir. As pessoas se relacionam mais facilmente com aquilo que lhes é familiar e inofensivo.

— Ele tinha um nome? — indagou Luce.

— Os antigos diziam que ele tinha um nome, mas perdeu o direito de usar. E, com o tempo, não fazia mais questão de se revelar de maneira aberta. Apenas aparecia e desaparecia, deixando sua presença no ar. Passadas algumas gerações, as pessoas deixaram de chamá-lo com o termo "mal" e o identificaram com uma constelação no céu, chamando-o de Ophiuchi, o portador de serpentes. Essa constelação forma o desenho de um homem segurando uma serpente em suas mãos. Porém, em uma releitura do simbolismo da constelação, o ser que deveria dominar a criação acabou preso como a serpente. Os homens e o mal trocaram de lugar... Agora quem dominava a terra era o novo Ophiuchi. O resto da história vocês já conhecem muito bem.

— Imagino, então, que, se o mal entrou em Gran. Edin como o senhor falou, a natureza foi modificada de algum jeito, certo, vovô? — perguntou Luce, um tanto quanto triste.

— Sim... É como a história da pedra no lago... Quando se atira uma pedra, as ondas criadas agitam a superfície e, mesmo que, depois de um tempo, as ondas parem, a pedra continua lá... Modificou o lago para sempre. É como a nossa natureza... Hoje vemos bonitas paisagens, mas elas foram modificadas de seu estado natural desde que o mal entrou no reino que se pode ver.

— Onde morava o mal? É difícil imaginar que ele vivesse em Gran.Edin, com tanta coisa boa que havia ali.

— Ele vivia nas sombras, nos lugares ocultos, já que sua habitação era dita ser nas profundezas, nos lugares obscuros do universo.

— Isso parece o buraco negro. Lá nenhuma luz consegue passar. Ele engole qualquer luz que passa perto dele — explicou Salt aos demais.

— Quem sabe? A força do mal é como um buraco negro também. Quem passa perto dele é sugado para dentro sem ter força ou chance de lutar contra.

— Entendi, vovô... Mas como as pessoas o deixaram se aproximar? Se elas eram felizes e não tinham problemas naquele lugar... — perguntou Luce, um pouco chateada com o que ouvia.

— Eu vou tentar explicar, minha querida... — falou o avô, agora com a voz entristecida. — Príncipe Ish foi um homem muito próximo do Criador das coisas que se veem e das que não se podem ver. Eles caminhavam juntos por entre as árvores da floresta, conversando por muito tempo, e isso moldou o caráter do príncipe Ish e dos homens. Quanto mais exposto somos a algo, mais nos assemelhamos a isso. Vamos citar o Sol e a Lua que vocês comentaram antes. A maneira como interagem é um exemplo de como é o criador e a sua criatura. O astro-rei brilha tanto que sua luz reflete na superfície rochosa da lua e empresta o seu brilho a ela, e podemos ver em noites de lua cheia. Quando existe o eclipse lunar, a sombra da Terra impede que a Lua receba os raios do Sol, tornando-se tão escuro que fica impossível ver que está ali. É como se fosse invisível para nós mesmo estando no céu. E foi assim também com Aidios, Ish e a chegada do mal...

— Os homens podem fazer coisas tolas... — interrompeu Ioli, colocando mais café na xícara de seu esposo. O homem acenou para a esposa, agradecendo com um sorriso, e prosseguiu.

— Quando tudo foi criado, a intenção era que funcionasse em sua máxima beleza, força, vitalidade, harmonia... A natureza era diferente do que conhecemos hoje em dia. Acredito que muito parecida com as pinturas que vocês dois fazem. — O avô apontou com o dedo para os desenhos coloridos pendurados na parede, presente dado pelos netos em seu último aniversário.

— É sério, vovô?

— E por que não seria? A beleza que vemos hoje é apenas uma pequena fração do que havia no passado. Gran.Edin foi um lugar que hoje diríamos facilmente ser sobrenatural, alimentado por um rio que o enchia de vida. A semente plantada pelo criador gerou toda sorte de árvores frutíferas e plantas que conhecemos.

Havia duas árvores especiais que tinham funções específicas entre os homens.

— E o que elas faziam, vovô? — perguntaram Salt e Luce ao mesmo tempo.

— A primeira foi a árvore da vida. Ela se chamava assim, pois seus frutos tinham o poder de dar a vida eterna para quem a comesse. A segunda era a árvore do conhecimento. Ela era capaz de dar entendimento às pessoas, e elas poderiam ver não somente o bem, que era a única coisa que elas conheciam, mas também o seu oposto, o mal. As árvores eram alimentadas por um rio que nascia no meio da floresta e se dividia em outros quatro rios que fluíam para terras distantes. O primeiro deles se chamava Pisom e corria para um lugar conhecido como Havilah. Era uma terra muito rica em ouro e pedras preciosas, diziam que as montanhas nesse lugar tinham inúmeras cores, como o arco-íris. O outro rio era o Giom, que ia em direção às terras de Cush, onde as florestas eram vastas. O terceiro era o Chidequel, em Ashshur; e o último, o rio Parath, que hoje não sabemos ao certo onde ficava, dada a mudança na geologia e hidrografia do planeta. Esses quatro rios alimentavam não apenas a floresta de Gran-Edir, mas também as terras distantes que circundavam a região. Toda a terra era sustentada por esse rio principal, nascido do poder do criador.

— Então as pessoas tinham essas frutas especiais que tinham o poder de dar imortalidade e conhecimento de muitas coisas. É como nos filmes que a gente vê, com mágica, poderes especiais e super-heróis! Isso é realmente muito legal, vovô!

— Eram mais do que superpoderes, Salt — interrompeu a avó. — Procurem prestar atenção em sua respiração. Vocês não podem ver o ar entrar e sair, mas ele está ali. Essa é a forma mais básica de experimentarmos esse poder. É o poder que nos mantém vivos. O fôlego da vida.

— Mas e por que nós estamos vivos? Err... Quero dizer... Qual o propósito de estarmos aqui? — perguntou Luce, curiosa e confusa ao mesmo tempo.

— São muitas perguntas; vamos por partes. Você se lembra de que falamos sobre o mal, certo? E o que é o contrário do mal?

— O bem? — os dois irmãos responderam em uníssono.

— Exato. E quando temos certeza de que podemos fazer algo bom, sem que nos mandem fazermos coisas boas? — Os dois irmãos se entreolharam e realmente não conseguiam pensar em uma resposta para a pergunta do avô. Prontamente a amorosa avó respondeu a ambos.

— Amando. Quando amamos, a vida se torna mais fácil, evitamos fazer o que prejudica aos outros e a nós mesmos. Todas as nossas ações são dirigidas por esse manual que o Criador colocou em nossos corações. Quando amamos, não fazemos o mal, apenas o bem.

— Então fomos criados para amar? — perguntou Luce ao avô.

— Não apenas para amar, mas para sermos amados.

Salt parecia absorto em seus pensamentos. Estava olhando para cima, como se estivesse concebendo alguma nova ideia, de muitas que ele tinha quando seu avô contava histórias.

— Então esse deveria ser o principal trabalho das pessoas. Se todas as pessoas soubessem amar, muitas coisas ruins não teriam chance de acontecer e nem o mal teria por onde entrar. Sabe o que é mais legal em tudo isso? Eu acredito que lá no céu os astros nos amam!

— Como assim, Salt? — perguntou Ioli, curiosa pela resposta.

— Você vê a Lua e as ondas do mar na praia através das marés? É o gesto de amor da Lua aqui na Terra. Além disso, podemos ter contato com o Sol, sentindo seu calor e aproveitando a luz para poder brincar o dia inteiro sem medo da escuridão! É como eles nos amam — falou, animado, o menino.

— Eu disse que você era um menino esperto, Salt — disse o orgulhoso avô, chamando-o para perto e dando-lhe um caloroso abraço. — Você descobriu uma das inúmeras maneiras com as quais o Criador ama a humanidade. Ele pensou em cada detalhe. E nos deu muitos presentes para que desfrutássemos aqui na Terra. Uma simples brincadeira na praia é como brincar no universo. A Lua e o Sol estarão ali para brincarem com vocês — continuou o avô, sorrindo.

Salt ficou maravilhado com o que seu avô dissera. Não precisava esperar muito para que pudesse ter sua experiência lunar e solar. O próprio universo brincava com eles, já não pensava mais na vastidão do céu como desperdício de espaço. Luce, no entanto, parecia pensar mais além sobre as histórias que seu avô contava...

A luz do Sol alegra a minha alma de dia...
A luz das estrelas iluminava a minha escuridão
enquanto a noite sorria. Quem admira apenas
a luz matutina não sabe a importância das
estrelas em noites frias...

CAPÍTULO 2

Escrito III: Vocês acreditam no sobrenatural?

— *Mas, vovô... Então por que a gente* não vive mais como no passado? Devia ser muito mais interessante do que as coisas que vemos na internet nos jornais e na televisão... Talvez eu gostasse de ter vivido naquela época, e não nos dias de hoje — Luce continuou, com sua curiosidade juvenil.

— Como eu disse, tudo fluía de uma maneira diferente da que conhecemos. As pessoas não tinham pressa para nada. Não havia carros, aviões, celulares, trânsito ou coisas do gênero. O que as pessoas conheciam vinha direto do Criador. Príncipe Ish era conhecido como "zelador da criação". Até os dias de hoje, o ser humano procura entender e explicar o porquê estamos aqui. Muitas são as interpretações e justificativas sobre como tudo se originou. A ciência traz suas teorias, pesquisas e ainda procura por respostas sobre o que há nos confins do universo e como ele funciona. A filosofia sempre fez reflexões sobre a existência humana e as sociedades ao longo dos milênios. As religiões, com base em sua cultura, modo de viver e enxergar os fenômenos naturais que as cercam, procuram respostas fantásticas que não são comprovadas de modo científico. A literatura carrega o fantástico, as alegorias, o imaginário que fazem as pessoas sonharem e pensarem em coisas que não existem, mas que muitas vezes as inspiram a novas ideias. A palavra "criador" tem significados diferentes, pois as pessoas pensam diferentes umas das outras. E, como vocês já sabem, muitos anos de informações acumuladas e muitas mentes diferentes dificilmente conseguem manter uma ideia sem que outra venha para complementar ou criar algo novo a partir dali. Apenas o que é especial consegue manter-se inalterado por milênios.

— Então o senhor quer dizer que isso mudou a maneira com a qual vivemos no passado e hoje em dia?

— Sim e não — falou o avô, trazendo mais dúvidas à mente de sua neta. — O que eu quero dizer é que, para poder vivenciar algo, a gente precisa acreditar nesse algo, entende? Cada um dos indivíduos na Terra contribuiu para a maneira com a qual vivemos hoje no nosso planeta. Um pouco do universo individual de cada um impactou o hoje, o aqui e agora.

— Acho que estou entendendo, vovô... É como quando seguro a areia da praia nas mãos e ela me escapa. A gente não tem controle do que acontece, mesmo querendo muito que alguma coisa funcione.

— Exato! Não dá para manter tudo igual ao que sempre foi. Apenas podemos nos adaptar ao que surge de novo e tentar viver da melhor maneira possível. Agora, por exemplo, eu acredito que nós precisamos nos adaptar à noite que chega — falou, com um sorriso, o avô, constatando a escuridão que se fazia ao olhar pela janela.

As crianças pareciam decepcionadas com a interrupção do homem. Elas tinham ainda muitas perguntas e duas mentes muito férteis, curiosas sobre as histórias que seu amado avô lhes contava com muita paciência. A avó Ioli sinalizava para que ambos se preparassem para tomar banho, pois mais tarde o jantar seria servido.

Joseph parecia feliz em poder desfrutar seus dias junto aos netos. O velho casal providenciava tudo para que as crianças se sentissem confortáveis e se divertissem na Ilha. Eles faziam o passado ser revivido, não apenas repassando as histórias contadas por seus ancestrais, mas também relembrando a infância de suas filhas na casa.

As duas crianças estavam aproveitando as primeiras semanas das férias de verão na Ilha dos Pássaros com seus avós. Estavam ansiosas pelo Natal e festas de fim de ano, pois iriam encontrar seus tios e primos que há muito não viam pessoalmente. Ambos preparavam presentes, feitos por eles mesmos, para cada um de seus familiares. Poderia ser mais uma de suas pinturas, um pequeno livro escrito à mão por Luce ou alguma engenhoca que Salt construiria. Muitas eram as opções, e poder estar na Ilha antes dos demais ajudava as crianças a prepararem a surpresa sem serem surpreendidos. No aniversário de 14 anos, Luce recebeu de presente um telescópio de sua tia Stella, para que pudesse usar durante suas férias. Estando na Ilha, longe de grandes centros iluminados por postes e letreiros, poderia usá-lo para observar os astros. Ela havia ficado muito grata pelo presente e gostaria de poder dar algo especial para a sua tia. A menina tinha grandes habilidades para inventar e construir, era curiosa e gostava de mexer no material de costura de sua avó ou na caixa de ferramentas de seu avô para criar mecanismos, casas para seus bonecos e brincar com seu irmão.

Salt era dois anos mais novo que sua irmã e, pelo período que o mundo passou com a pandemia, ficou muito tempo longe de seus amigos. Isso o fez valorizar muito os momentos em que poderia estar brincando ao ar livre. Por ser extrovertido e alegre, gostava de pregar peças em todos da família. Tinha o sonho de trabalhar em um circo, pois se alegrava em poder fazer todos à sua volta sorrirem. Por vezes dizia que queria poder se profissionalizar experimentando jogos em sua fase beta, pois nunca iria cansar de trabalhar o que fazia graça em toda a família.

Antes de dormir, a bondosa senhora Ioli foi ao quarto das crianças, insistindo para que Salt fosse para cama, pois em muitos momentos o encontrava pulando nesta, dando piruetas e lutando contra todos os vilões do universo.

— Boa noite, Salt, hora de ir para a cama — falou a avó, porém o menino continuava em seu mundo imaginário. — Salt, meu querido, a vovó disse boa noite! É um milagre não ter que insistir para você ir se deitar. Acho que vou começar a deixar seu avô contar mais histórias antes de dormir — a senhora disse enquanto o puxava para si, pedindo com o dedo um beijo na face.

— Boa noite, vovó, sua benção.

— Deus te abençoe, meu querido. Luce, minha princesa, boa noite.

— Sua benção, vovó, e boa noite.

— Deus te abençoe. Seu avô vai voltar para dar um beijo de boa noite. Eu quero que durmam. Amanhã vocês podem continuar com as histórias, está bem?

As crianças fizeram uma fisionomia triste, porém concordaram com a avó. Depois de alguns minutos, Joseph entrou no quarto, que já estava com a luz apagada. Apenas a luz do abajur que estava na mesa entre a cama dos dois irmãos estava acesa, enquanto eles esperavam o retorno do amável senhor.

— Então vocês já estão prontos para dormir? Pensei que iriam querer uma história antes — falou em tom de brincadeira o avô ao entrar no quarto das crianças.

— É que a vovó disse para gente ir dormir — disse Salt, entristecido.

— A sua avó está certa.

— O senhor não poderia contar só mais uma coisa até a gente pegar no sono? — perguntou, esperançosa, Luce. O avô coçou a barba, olhou para as duas crianças e, após abrir um largo sorriso, concordou.

— Eu acho que, se eu contar uma história para que vocês durmam, vou ajudar sua avó, não? — As duas crianças ficaram muito entusiasmadas, e se sentaram em suas camas. Luce parecia ter muitos questionamentos ainda, porém seu avô começou a história sem perguntar sobre o que eles gostariam de ouvir.

— Vocês acreditam no sobrenatural?

— Como assim sobrenatural, vovô? O senhor quer dizer fantasmas? — indagou Salt, um pouco assustado.

— Eu disse mais cedo que as pessoas procuravam entender nossas origens de muitas maneiras. Perguntas como "de onde viemos?" e "para onde vamos?" foram essenciais para que o ser humano pudesse encontrar importantes respostas. Algumas culturas têm explicações muito interessantes e fantásticas sobre como o mundo foi criado, desde uma grande tartaruga que sustentava a terra até um dos deuses habitantes dos céus que carregava o mundo em suas costas. Mas a que eu mais gosto é aquela que meu pai me contou, meu avô contou para o meu pai, e eu vou contar para vocês.

— Essa história é muito antiga, vovô! Como você tem certeza de que ela não foi alterada?

O avô deu um largo sorriso e continuou:

— Primeiro, as pessoas passavam o conhecimento uns para os outros através do relato oral. Muitas culturas sobreviveram dessa forma, já que não tinham como fazer registros escritos. Era extremamente importante apurar os ouvidos, os olhos e a mente para absorver conhecimento. Pense nos clássicos infantis. Eles foram contados oralmente até que alguém resolveu registrar, e vocês puderam encontrar a versão final, claro, com muitas modificações.

— E no que a história de Gran.Edin é diferente de todas as outras? — perguntou Salt.

— A história de Gran.Edin foi contada pelo próprio Aidios para que os homens conhecessem a verdade sobre suas origens e seu fim. Através daqueles que viveram por muitos séculos, o conhecimento dos primórdios da humanidade foi preservado, e, com a orientação de Aidios, homens escolhidos passaram a registrar a história de todos nós, das nossas raízes. É aí que começamos a conhecer sobre os poderes que não podemos ver, mas que fluem pelo mundo e em todos os seres que aqui habitam.

— O senhor está falando sério? — Salt se colocou sentado na cama, como que para prestar mais atenção no que seu avô falava.

— Mas é claro! Toda a humanidade deveria ter acesso a esse conhecimento. Mas, conforme o homem evoluiu sua ciência e domínio da terra, o conhecimento da era primitiva e o poder que envolvia sua criação ficaram de lado.

— E como é esse poder, vovô? — perguntou Luce, maravilhada com o que ouvia. O velho homem colocou a mão dentro do bolso de seu casaco e retirou de dentro algo muito pequeno que as duas crianças mal conseguiam enxergar. Ele olhava fixamente para o que estava entre seus dedos e estendeu o braço a fim de mostrar para seus netos. A menina perguntou curiosa:

— O que é isso, vovô?

— Esta é uma semente que eu ganhei do meu pai. E ele recebeu do pai dele.

— E por que vocês não plantaram? É a semente de que? — Salt parecia impaciente para saber o que o avô queria dizer mostrando aquele pequeno ponto em sua mão.

— Dependendo da semente, ela pode nos ensinar algumas lições importantes. Espero que com o tempo vocês dois possam entender como esta aqui funciona. Esta semente é a de mostarda e simboliza um grande poder. — As crianças se entreolharam sem entender o que o avô queria dizer com tudo aquilo. — Vocês dois podem utilizar o poder que o Criador nos deixou. — O homem se levantou e foi em direção à janela. Ele fez um movimento e abriu a cortina para enxergar melhor a paisagem, que era iluminada pelos postes na estrada e pelo farol com seu movimento circular na praia.

— Estão vendo aquelas montanhas? — falou o homem apontando na direção das altas montanhas da Ilha. — Se vocês acreditarem que podem movê-las, mesmo que o acreditar seja tão pequeno quanto esta semente, vocês vão poder fazer o que o seu coração e mente desejam.

As crianças mostraram uma expressão de dúvida. O que seria aquilo que o avô estava falando? Apenas acreditar em algo faria aquilo acontecer? Era algum tipo de contos de fadas que envolvia estrelas cadentes e desejos? Os irmãos sorriram um pouco com a ideia. Realmente gostariam que fosse real o que seu avô acabara de falar, mas nunca haviam visto alguém usar esse tipo de poder, como se fosse possível fazer uma pizza aparecer enquanto comiam legumes ou aparecerem no parque durante uma prova na escola.

— Vovô... Mas a gente nunca viu ninguém usar esse tipo de coisa! — insistiu Salt.

— Oh... Acredito que vocês viram, muitas vezes... E até mesmo já utilizaram. Vocês apenas não conseguiram enxergar.

— Mas o senhor sim, vovô? — perguntou Luce.

— No começo eu conhecia esse poder de ouvir falar... Hoje eu o conheço por andar com ele...

— E esse poder estava com os habitantes em Gran. Edin? — Salt parecia se animar com a ideia.

— Sim, meu neto... Esteve em Gran.Edin e está nos dias de hoje também. — O paciente avô colocou a outra mão dentro do bolso e pegou mais uma semente. Em seguida0 entregou uma para cada um dos irmãos. — Quero que guardem essa semente. É um grão de mostarda. Ela é bem pequena, mas, quando vocês a plantarem e ela semear, crescerá tão alto quanto as nuvens que estão no céu e tão segura que os pássaros poderão fazer dela o seu lar.

Salt e Luce pegaram as sementes e as colocaram em uma pequena caixa improvisada para guardar aquilo que consideraram um tesouro recebido de seu avô.

— Vovô... Só mais uma pergunta... Sobre Gran. Edin não ter sobrevivido ao tempo... O que aconteceu para que as pessoas deixassem esse lugar de lado? — perguntou Luce.

— Desde que o mal passeou por entre os jardins floridos, ele conseguiu tocar o coração dos seres que ali habitavam. Nem sempre o mal nos aparece com uma cara feia e assustadora. Às vezes ele vem disfarçado de algo que a gente deseja muito...

— E de que maneira ele apareceu em Gran.Edin, vovô? — Salt parecia assustado.

— Sorrateiro... Chegou se esgueirando por entre bonitas flores e árvores com frutos agradáveis aos olhos. Ele ofereceu aos habitantes apenas aquilo pelo que seus corações estavam desejosos e sentiriam satisfação em ter. Ophiuchi ofereceu o próprio mal e começou pela linda esposa do príncipe Ish, a princesa Isha. Ela era jovem e ingênua, pensou que estava ajudando seu esposo a ter mais sabedoria, de modo que o reino deles continuasse próspero e se desenvolvendo por toda a terra que ainda não havia sido explorada.

"Um dia, aconselhada por Ophiuchi, que estava disfarçado como um dos seres com quem os homens conviviam, foi à árvore do conhecimento e pegou um galho com um fruto maduro, pronto para ser saboreado. Pediu para estar na presença do príncipe não como sua esposa, mas para falar de assuntos de interesse do reino. Ish a ouviu, como ouviria qualquer outro membro do reino. Preocupado com o bem-estar em Gran.Edin, resolveu aceitar a sugestão de sua esposa e mandou preparar um grande banquete, no qual todos os homens e mulheres poderiam estar ao mesmo tempo com o príncipe, colocando suas ideias e anseios diante de seu líder. A princesa Isha levou o galho que continha o fruto até o grupo responsável por fazer a comida nas festas de agradecimento a Aidios pela boa colheita. Foram feitas verdadeiras iguarias com o fruto daquele galho retirado da árvore. A única observação que Isha havia feito era que ninguém experimentasse o alimento, pois ela deveria ser a primeira a avaliar se a comida estava apta a ser oferecido a seu esposo, sendo ele o único que poderia provar depois da princesa, se aprovada. O grupo concordou com a ordem, pois imaginava ser esta uma orientação dada a ela pelo próprio criador. Isha inocentemente pensou em seu esposo, queria que ele fosse aquele pelo qual a sabedoria viria, o primeiro dos homens na terra. Mal sabia ela que estava, na verdade, levando a morte a si mesma, ao seu amado e a todos os habitantes em Érets."

Os dois jovens ficaram com uma expressão preocupada e, ao mesmo tempo, desapontada. Não era possível que pessoas, vivendo em um lugar fantástico, que parecia ter saído dos melhores filmes de fantasia, pudessem ter feito uma escolha que levaria ao fim de Gran.Edin. O homem continuou:

"Chegada a hora do banquete, a princesa sentou-se ao lado de seu esposo. Olhou para o alto a fim de verificar se choveria aquela tarde. Deu um breve sorriso como se algo estivesse diferente dentro dela, como se ela pudesse enxergar o céu azul além das nuvens cinza que se formavam. *Mesmo que haja uma tempestade, ela vai passar*, pensou consigo mesma. Certificou-se de servir ela mesma o seu esposo, que, ao sentir o aroma do alimento preparado, percebeu que parecia com as folhas da árvore do conhecimento. Questionou, então, sua esposa do que era feito o banquete. Sem tentar esconder a ansiedade para que seu esposo comesse a iguaria, a princesa explicou que havia sido usado o fruto proibido por Aidios, mas que ele não temesse, pois ela já o tinha comido e nada havia mudado."

"'Você pode comer, meu querido. Eu mesma já o comi e viva ainda estou. Certamente não morrerá como nosso Criador havia dito. Talvez ele estivesse com medo de que nós pudéssemos saber tanto que nos afastaríamos dele e o deixaríamos, mas não é assim. Nós podemos ajudá-lo com mais ciência. Sabendo como ele sabe, poderemos ajudar esta terra a crescer e a ser frutífera. Vê que não há morte para mim? Desde que fomos criados, tudo é eterno em Gran.Edin, ele nos deu a árvore da vida e enquanto continuarmos a comer de seus frutos, certamente não morreremos. 'O olhar da princesa Isha tinha uma expressão diferente da que sempre trazia. Havia um misto de agitação e orgulho que faziam suas palavras ganharem um tom confiante e, ao mesmo tempo, temeroso, caso seu esposo não aceitasse. A princesa havia experimentado o que era o medo."

"Príncipe Ish, observando a veracidade das palavras de sua amada esposa, já que ela estava ali, diante de si, e nada havia ocorrido conforme as palavras ditas pelo Criador, pegou a iguaria e comeu. Achou-a muito saborosa e constatou que sua esposa estava certa. Ambos estavam ali e aparentemente nada havia mudado. Pensou no que sua esposa havia dito, sobre terem o mesmo conhecimento do Criador, e deu ordem para que retirassem o banquete dali. Ninguém mais poderia comer, pois ele não queria que os demais fossem como eles. Pensou consigo que era arriscado... Outras pessoas não deveriam ter conhecimento de tudo, porque poderiam querer o lugar dele diante do Criador. Foi então que o príncipe passou a conhecer a inveja e o egoísmo."

"Sempre que os homens faziam um banquete para agradecer a boa colheita, o Criador passeava por Gran. Edin e encontro seu amigo Ish para conversarem. A essa altura, o príncipe estava ouvindo os anseios do povo e se mostrava irritado com as diversas palavras que ele traduzia como insulto à sua inteligência em governar a terra. Afinal, ele havia dado nome a todos os seres, toda sorte de plantas, havia criado técnicas que melhoraram a condição de viver das pessoas. Por que deveria continuar mantendo essa patética consulta ao povo sobre como conduzir a terra que ele considerou como sua? Ish notou que as pessoas à sua volta não pareciam mais alegres como antes. Havia uma revolta nos olhares de cada um deles. Muitos questionavam por que deveriam seguir as regras que o príncipe havia estabelecido para todos. O Criado, ao ver que o príncipe estava dispensando o povo, se aproximou e o chamou para conversar. Percebendo a voz familiar que o chamava, Ish procurou se esconder atrás de uma árvore, esperando que Aidios não o encontrasse.

— Ish! Por que te escondes de mim?

— É que eu não estava preparado para encontrar o Criador— respondeu, assustado.

— E quem te dissteste que tu haverias de estar preparado para me encontrar?

— Tu és o Criador. Não posso estar em tua presença de qualquer maneira. Como eu poderia estar diante de ti estando como estou?

— E de que maneira estás, Ish?

— Não tenho as vestes adequadas... Necessitaria de estar vestido com uma roupa que não mostre a ti o motivo da minha vergonha. Precisaria estar vestido como os lírios do campo e adornado com mais puro ouro.

— Sentes vergonha?

— Sinto criador... É como se tu pudesses ver além do entretecido da minha pele, da força dos meus ossos e da junção dos meus músculos.

— Então, comeste o fruto da árvore do conhecimento?

Vendo que não poderia fugir a essa pergunta, Ish ousou proferir a primeira acusação na terra de Gran. Edin e direcionou isso ao criador, tentando justificar seus atos.

— A mulher que tu criaste para estar ao meu lado, ela me ofereceu.

— Ish... Eu lhe adverti que poderias comer todos os frutos do jardim, menos o da árvore do conhecimento, pois certamente morrerias. Tu foste aquele que coloquei como líder nesta terra, não Isha.

— Mas vivo estou, Criador. Eu não morri, nem eu nem a mulher que me deste.

— Não podes perceber a morte, pois ela não mata de uma vez só. Ela já matou muitas coisas dentro de ti, e a sua inocência foi a primeira delas. De agora em diante, terás de lutar para sobreviver. E terás de lutar para que a morte não mate dentro de ti as qualidades que eu lhe dei quando te criei. Até que finalmente chegue a morte definitiva. E, até que venha o resgate por ti e pela tua descendência, assim vivereis tu e Isha.

Proferindo essas palavras, o Criador das coisas que não se podem ver e das coisas que se podem ver deixou Gran.Edin e, desde então, o tipo de vida que ele criou para o homem deixou de existir. O Criador precisou enviar seres celestes do mundo que não se via para proteger a árvore da vida, que havia colocado para nutrir a humanidade, pois, dotado com o conhecimento do mal, se comesse de seus frutos o homem viveria eternamente, em seu estado corrompido. Não era isso o que Aidios queria para as pessoas. A coroa que Ele havia criado e que estava guardada no centro do jardim de Gran.Edin passou a ser manchada pela ferrugem. O lugar passou a ser guardado por seres protetores, para que ninguém pudesse ter acesso à árvore da vida. Cada vez mais entregue ao mal, o homem se afastava de suas origens."

— Então Gran.Edin não pode mais ser habitada... É por esse motivo que as pessoas deixaram de viver por séculos? — perguntou Luce triste com o que ouvia.

— Sim, minha querida. A natureza, desde então, não foi a mesma. O homem passou a ter seus dias na terra diminuídos gradativamente, já que seu corpo padecia com as mudanças que o mal lhe causava. Doenças, a qualidade do que a terra produzia já não era a mesma, o ar. O clima se modificou, surgindo as quatro estações que hoje conhecemos, marcadas por um período de seca e outro de frio que nunca antes haviam sido vivenciados. Passaram a ter que procurar cavernas para viver, roupas de pele de animal para se proteger do frio. O tempo cronológico que antes não existia começou a ser contado desde que o homem foi corrompido. Foi como lançar uma flecha ao ar, sem volta. Assim, a vida de todos os seres no planeta, animais, plantas entrou em desequilíbrio, começando a colapsar e hoje vivemos a era do caos.

"Os primitivos diziam que o mundo que conhecemos terá um fim. O tempo passou a ser contado desde que o homem se corrompeu, já que era necessário que um ponto final fosse colocado nessa maneira de viver que não foi a escolhida por Aidios, ou então o ciclo de violência, sofrimento e dor não teria um fim. Talvez esse fosse o real começo da entropia. Para que uma história comece, outra precisa terminar. Da ordem ao caos. Nos tempos modernos, o homem criou um relógio simbólico que mostra quão perto a humanidade está de se destruir. Atualmente a marca está muito próxima da meia noite."

— O senhor quer dizer se destruir com guerras? — perguntou Salt, assustado com a seriedade com o que o avô falara.

— Não apenas guerras... Elas são apenas uma das muitas maneiras de externar o que se passa dentro de cada um. Toda guerra começa com conflitos dentro de si mesmas que as pessoas não conseguem administrar. Eles podem explodir tanto em uma guerra com dimensões catastróficas, quanto em uma guerra de um homem só, em que o ser humano se torna seu maior inimigo... Destruindo a si mesmo... Lembre-se de Ish e como ele levou a condenação a si mesmo e a toda humanidade.

— Mas então, se não fosse pelo mal ter entrado em Gran.Edin, tudo teria sido diferente?

— O problema não foi o mal entrar em Gran.Edin, e sim entrar no coração das pessoas. Tudo é uma questão de escolha. Não podemos impedir que coisas ruins cheguem a nós, mas podemos escolher como vamos reagir a isso.

— Vovô, quando alguns meninos zombaram de mim na escola no dia que a professora pediu para que disséssemos o que queríamos ser quando crescer... Eu disse que queria ser astronauta, e eles riram. Agora todas as vezes que vou brincar de astronauta no intervalo, alguns continuam a rir. Eu me sinto triste e às vezes não tenho vontade de voltar. Mamãe diz para eu me importar com os amigos que são bons comigo e ignorar aqueles que zombam de mim. Então eu faço como a mamãe diz e tudo fica melhor.

— Sua mãe está certa. Nós não podemos mudar as pessoas ou as circunstâncias, mas podemos mudar o nosso interior. Podemos dar ouvidos ao mal que quer chegar a nós, ou podemos dizer não a ele. Infelizmente, as pessoas em Gran.Edin descobriram isso tarde demais. Havia um mistério não misterioso que os homens não souberam desvendar...

— Mistério não misterioso? — as duas crianças repetiram sem entender o que seu avô queria dizer.

— Felizmente, Aidios tinha planos maiores e melhores para os seres humanos. E é por isso que estamos aqui e podemos sonhar com um futuro.

CAPÍTULO 3

Escrito IV: Um capítulo na história reservado a um príncipe-cavaleiro

— *Mas essas histórias são tão antigas*, vovô. A realidade hoje em dia é muito diferente. Infelizmente, não temos como voltar no tempo para tentar mudar as coisas que aconteceram — disse Luce.

— Não podemos mudar o passado, mas podemos agir no presente em benefício do futuro — completou o avô sorrindo para a menina, que não entendia bem o que ele queria dizer.

— Eles precisavam era de um super-herói, isso sim! Aposto que, se aparecesse alguém mais forte do que Ophiuchi, daria uma surra que ele nunca mais iria querer aparecer em Gran.Edin. — Salt parecia animado com a ideia. O velho sorria com a inocência do neto.

— Antes mesmo de criar Érets, existia o que podemos chamar de um "cavaleiro" a serviço de Aidios.

— Ele era um super-herói?

— Podemos dizer que sim, Salt. — Riu.— Seu nome era Logos. Ele era o reflexo do Criador. Vocês lembram que falei dele, quando Aidios criou o reino que não se via e o que se podia ver? Logos era o braço direito de Aidios. Após a mudança na terra, ele foi enviado a Érets, com uma missão especial.

— Aposto que ele veio dar uma lição em Ish por ser idiota e em Ophiuchi! — Salt riu pensando em como deveria ter sido a luta.

— Na verdade, Logos veio fazer uma troca.

— Como assim, vovô? — perguntou Luce.

— Logos era chamado de "Príncipe da Paz", o líder de todos os cavaleiros do exército celestial. Era conhecido assim, pois vencia as guerras sem usar a força. Seu poder estava em Aidios. Logos estava em todos os momentos, em cada átomo, cada matéria formada, na terra, nos ventos, nos mares, em todos os seres que Aidios criou.

— Como ele era?

— Bem... Segundo os relatos de alguns antigos que o viram em sua forma celeste, ele apresentava vestes talares — como as roupas que os juízes usam até o calcanhar —, cinto de ouro, cabelos alvos como a neve, olhos como o fogo, os pés como de um bronze polido.

A sua voz era como ouvir muitas águas, na praia ou em uma cachoeira.

— Se ele era tão forte e estava em todos os lugares, por que Logos não usou seu poder para acabar com Ophiuchi?

— Porque, como eu disse, Aidios tinha planos para os seres humanos. Quando foram criados, ele não queria marionetes obedecendo a tudo por medo. Aidios era bom e queria que Ish e os seres humanos ouvissem a sua voz por amor, crendo que ele, sendo o Criador, sabia o que era melhor para eles. Afinal de contas, tinham um belo palácio, não conheciam dor, sofrimento, tudo era perfeito em seus dias. Por que não comer uma fruta deveria ser um pedido duro demais para o homem? Hoje em dia nos deparamos com esse tipo de pergunta muitas vezes. Existem coisas que consideramos difíceis demais para deixarmos de fazer, mas que na essência nos faz mal. Para nossa mente, para nosso corpo e para nossa alma. Mal para as pessoas que amamos, para nossos amigos. Enfim, vocês diriam que amar ao próximo como a ti mesmo é algo difícil de fazer? É duro demais? É algo realmente impossível?

— Às vezes é difícil para mim quando algum colega da escola me perturba — falou Salt.

— É difícil... Mas é impossível? Lembra o grão de mostarda? Se acreditarem, tudo é possível. Não se deixem limitar pelos sentimentos ruins... Eles não eram para fazer parte de nós, mas, já que aqui estão, vamos mostrar a eles quem é que manda, está bem?

— E o que Logos fez em Gran.Edin? — Luce indagou.

— Gran.Edin já não era mais a casa de Ish e Isha. Ambos foram viver em Adamah, na parte fora de Gran.Edin. Muitos anos se passaram, e os homens viveram sob muitas culturas e pensamentos. Todos esperavam que Aidios completasse o plano que havia dito, para que as pessoas fossem libertas do mal que as subjugou. Esperavam um novo príncipe, diferente de como Ish havia sido. Os seres humanos experimentaram a escravidão, a fome, as guerras, e ansiavam por esse príncipe que traria a paz novamente ao reino que agora permanecia apenas em seus corações. Após milênios de espera, Logos se manifestou em Érets, mas, quando aqui chegou, não vestia mais suas vestes celestiais. Não tinha mais os poderes visíveis que os seres podiam admirar em Gran.Edin enquanto Aidios passeava entre eles. Logos deixou de ser um cavaleiro para se tornar uma pessoa comum.

— Como assim, vovô? Então ele não tinha mais poder para enfrentar Ophiuchi?

— Ophiuchi continuou a caminhar por Érets levando o mal aos corações das pessoas. Logos caminhou pela terra levando o amor. Não era uma guerra que se venceria lutando com espadas, socos ou raios flamejantes. Era uma luta que só poderia ser decidida dentro de cada ser humano. Essa é a maior guerra que já existiu em todo o universo. Uma infinidade de pessoas, incontáveis como as estrelas do céu e as areias da praia, travavam uma guerra dentro de si, da qual só poderia existir um vencedor. Ophiuchi requeria cada pessoa para si mesmo, satisfazendo-se com o fato de que ela não teria mais o favor de Aidios e estaria para sempre longe da presença dele. Por amor e compaixão pelas criaturas de Aidios, Logos deixou seu posto como cavaleiro celestial do Reino que não se via e do Reino que se podia ver, para, como homem, vivenciar as limitações humanas. Assim, em vez de cada ser humano ter sua própria vida em dívida com Ophiuchi, Logos daria um fim no ciclo que se iniciou em Gran.Edin.

Existia um domínio no reino que não se podia ver, para onde Ophiuchi levava todos os seres que estavam sob sua maldição. A chave daquele lugar era muito bem-guardada pela rainha Mut. Logos, ao chegar àquele reino se deparou com a rainha, que não suportou olhar para ele e se ajoelhou em temor, pois, embora tivesse um poder maior que o de qualquer ser humano para subjugá-lo, isso não se estendia a Logos. Ele se aproximou e apenas tomou as chaves do reino. Havia entregado a vida para morrer como uma pessoa comum e, fazendo isso, usou a si mesmo como moeda de troca por todos os seres que já existiram ou existiriam. Naquele mesmo instante, a maldição do ciclo de morte eterna foi rompido. Pessoas que já haviam morrido e as que ainda iriam nascer já não estavam mais debaixo das leis do reino de Mut. Haveria uma esperança para o futuro. Ophiuchi não poderia mais requerer as almas dos seres quando morressem. Mas isso não era algo automático. As pessoas com a experiência que viram no príncipe Ish deveriam negar as influências de Ophiuchi em suas mentes e corações. Logos deu uma nova oportunidade para os seres, e então todos podiam fazer a escolha por si mesmo. A benção ou a maldição eterna.

— Nossa, vovô... Logos foi realmente incrível! Como ele sendo tão poderoso resolveu deixar tudo para trás para salvar pessoas tão ingratas?

— Por amor. Logos amava a criação, era o único cavaleiro pertencente à ordem de Aidios e estava presente quando tudo foi criado. Só ele poderia ir a Érets e descer mais profundo no reino de Mut para essa missão de resgate. Não foi fácil para ele, acreditem, pois, quando você ama e vê as pessoas se destruindo, tudo fica mais doloroso. Logos apenas queria que aquela conexão que os seres tinham com Aidios fosse restaurada e todos pudessem viver felizes como haviam sido destinados. A mensagem de Logos foi que, assim como ele sendo homem negou as influências de Ophiuchi, os outros também poderiam. Por isso, foi necessário se despir de sua armadura dourada, de sua espada, para ser um simples homem. Se tivesse usado a força que tinha, como mostraria aos homens que eles também poderiam lutar contra Ophiuchi? Diriam que para ele era fácil, sendo quem era. Por isso, vimos o maior cavaleiro de todos mudar as suas vestes reais de batalha para vestir as que nós como seres humanos deveríamos usar.

— E que roupas são essas?

— Cinto da verdade é sempre usar o que é verdadeiro em suas vidas. A armadura da justiça evita que vocês sejam maus e injustos uns com os outros. Os pés devem sempre estar calçados com uma palavra da paz, para que em tudo evitem brigar. O escudo da fé poderá protegê-los daquilo que seus inimigos lançarem sobre vocês. O capacete protege a mente de vocês, com a certeza de que já estão salvos do mal. E, finalmente, a espada de Ruah.

— Espada de Ruah? — perguntaram, ambos curiosos.

— Essa espada é algo muito interessante. É uma relíquia que não podemos ver e que Logos deixou aqui na Terra para os seres poderem usar.

— E onde ela está? — Salt, a essa altura, já havia perdido o sono de tanta ansiedade.

— Digamos que cada pessoa precisa encontrá-la por si mesmo. Não é algo que pode ser achado em alguma escavação arqueológica! — Riu. — Mas me prometam uma coisa! — O homem pegou a caixa onde estavam as sementes que havia entregado para as crianças e continuou: — Quando vocês plantarem essa semente, uma árvore vai surgir. Cuidem para que as folhas estejam sempre boas e os frutos não apodreçam. Quem sabe, como no conto do rei Arthur, uma espada não vai surgir de dentro dela? Sejam dignos de poderem levá-la com vocês.

O velho homem olhou para o relógio em seu pulso e viu que era quase meia-noite. Arregalou os olhos e lembrou que sua esposa iria ficar muito irritada se visse as crianças acordadas àquela hora.

— Já está tarde, crianças! Outro dia contarei o resto da história. Agora durmam, pois a noite é chegada e um novo dia não vai demorar. — O bondoso homem cobriu os jovens e deu um beijo de boa noite em cada um deles, saindo em seguida do quarto.

Luce e Salt tentavam dormir em meio à noite escura. Uma fraca luz entrava pela janela do quarto. O farol lançava seu brilho como uma sentinela ciclope vigiando a ilha. O menino chamou o cachorro, Flock, que estava deitado no tapete para deitar a seu lado na cama. Em seguida, virou para a irmã, tentando enxergar na escuridão se ela ainda estava acordada. Viu a menina sentada na cama calçando seus chinelos.

— Ei, Luce... Você não vai dormir? O vovô acabou de sair. Vai achar ruim você fora da cama. Está indo ao banheiro?

— Não, Salt... Eu vou ao quarto da tia Stella pegar uma coisa e já volto!

O menino se acomodou sentado, abraçando seu cão, que, mesmo de olhos fechados, levantava uma das orelhas atento à conversa dos irmãos.

Alguns minutos depois, Luce voltou ao quarto com um livro na mão. A pouca iluminação impedia Salt de ver a capa. Ele permaneceu calado esperando a irmã dar alguma explicação para o que estava fazendo. A menina, porém, continuou em silêncio folheando as páginas, com a luz do celular, até chegar a uma que parecia ser o que estava procurando. Levantou-se e pegou o telescópio ao lado da escrivaninha. Seguiu em direção à porta de vidro que dava acesso à pequena varanda no segundo andar da casa. Abriu as cortinhas e destrancou a porta, indo com o objeto para o lado de fora do quarto. A essa altura, Flock pulou do colo de Salt e seguiu a menina, com o intuito de proteger sua amiga. Salt chamou o cão de volta, mas ele não deu ouvido. Isso fez o menino seguir os dois que pareciam concentrados.

— Ei, vocês! Vão me deixar sozinho lá dentro? O que você está fazendo, Luce?

— Olhando para as estrelas. Eu estou procurando aquela constelação que o vovô falou, Ophiuchi.

— E para que você quer olhar?

— Eu gosto de astronomia, lembra? Só fiquei curiosa... Queria ver essa constelação, mas ela só fica visível no hemisfério sul durante o inverno, e a gente está no verão...

O menino abaixou-se para pegar o cão, que olhava para o alto, como se entendesse sobre o que ambos conversavam.

— Você também quer ver, Flock? A tia Stella já me falou que existe uma constelação de cães no céu também! Será que você tem algum antepassado famoso e ele tem a sua própria estrela com sua pegada na calçada da fama dos cachorros, meu amigão? — falou rindo enquanto o pequeno cachorrinho se acomodava em seu colo em um silêncio que parecia respeitar Luce em sua procura. A menina, após observar o céu por alguns minutos, constatou que o livro estava certo.

— É parece que falta algum tempo para que Ophiuchi apareça para gente...

— Ia ser muito legal se tudo o que o vovô contasse fosse verdade, não é? Talvez hoje em dia a gente possa encontrar alguma coisa...

— Mas eu nunca ouvi falar sobre o príncipe Ish e a princesa Isha. Nem em nenhum livro de história na escola, nem nas histórias de contos de fada ou fantasia. Nunca joguei nenhum jogo que tivesse alguma coisa parecida com o que o vovô falou. Principalmente um vilão como aquele. Seria mais fácil se a gente soubesse o nome real dele.

—Verdade... A gente só conhece o nome do lugar... Gran.Edin. E as traduções sempre se referem a ele como paraíso. Existe muita mitologia referente ao paraíso, assim como o vovô falou sobre o mito da criação nas diversas culturas. No máximo a gente ia encontrar mais um milhão de histórias parecidas.

— Mas o reino de Gran.Edin parece especial, não é, Luce?

— Eu não sei como explicar o porquê me sinto curiosa. Às vezes, quando o vovô conta essa história, a sensação que tenho é como se tivessem preparado um quarto especial para gente, aqui na casa do vovô e da vovó, com nossos brinquedos, jogos e tudo o mais que gostamos. E de repente algum estranho chegasse e dissesse que a casa foi vendida e que teríamos que ir embora para sempre da Ilha. Isso me dá um nó na garganta, como se eu sentisse dentro de mim a tristeza que as pessoas de Gran.Edin sentiram.

— Bom... A gente não tem Gran.Edin, mas temos a nossa casa aqui na Ilha, com nossos avós. Eu gosto de estar aqui.

— Eu também, Salt, eu também... Acho que é melhor a gente ir dormir antes que a vovó descubra que ainda estamos acordados — disse a menina, fechando o livro que tinha em mãos.

As duas crianças voltaram para o quarto, cada uma mantendo na mente o pensamento sobre as últimas coisas que conversaram. Não se viam fora da Ilha por muito tempo. Era como se fosse sua primeira casa. O lugar que nasceram e passaram toda a infância, com descobertas, amizades, brincadeiras e o amor de sua família. De certa forma, se sentiram felizes por não terem vivido em Gran.Edin. Não saberiam como viver longe de casa.

Ora a fé é o firme fundamento das coisas que se esperam e a prova das coisas que se não veem.

Hebreus 11.1

CAPÍTULO 4

Escrito V: Um minuto para a meia-noite

Próximo à residência dos Pellegrini, alguns carros seguiam pela estrada em alta velocidade. A noite sem luar impedia que fossem percebidos, a não ser pelos sons de seus motores e freios nas curvas fechadas. Dentro da casa, Joseph e sua esposa pareciam conversar com uma terceira pessoa que estava em frente à porta principal.

Luce ainda não havia conseguido pegar no sono. As narrativas de seu avô continuavam a ecoar em sua mente, como uma melodia que se ouve ao longe e que fica guardada, sempre dando voltas, insistindo para ser tocada pelas cordas invisíveis do subconsciente...

Resolveu ir à cozinha para pegar um copo de água. Chegando ao fim das escadas que dava acesso ao primeiro andar da casa, viu seus avós de pé em frente à porta. Já era muito tarde para receberem visitas. *Será que alguém está precisando de ajuda?* Pensou consigo mesma. A menina se abaixou um pouco, inclinando a cabeça mais para frente, tentando ouvir o que eles estavam conversando. As únicas vozes que conseguia distinguir eram as de seu avô e a de sua avó, e, por mais que tentasse escutar a voz do "estranho", era como se apenas duas pessoas estivessem ali. Não via e não ouvia quem estava do outro lado da porta. De repente um clarão entrou pelas janelas da sala. Luce levantou o braço escondendo o rosto do incômodo que as luzes causavam em seus olhos. Quando voltou a olhar, viu a porta da entrada se fechar lentamente.

— Vovô? Vovó? — chamou a menina.

Um som vindo do céu ecoou por toda a cidade. Salt acordou com o barulho e desceu correndo as escadas. Procurava entender o que poderia estar acontecendo e, quando viu Luce no meio da sala chamou por seu nome, apontando para as janelas da casa.

— Luce! Olhe para o céu! Estrelas cadentes!

A menina correu para a porta e pôde ver várias linhas luminosas riscando a noite escura. Parecia uma chuva de meteoros em um mergulho direto às águas que refletiam os riscos no céu. Salt aproximou-se, boquiaberto.

— Uau! — O menino estava maravilhado com o que via. Luce franziu o cenho tentando enxergar melhor. Em poucos segundos, sua mente pensou o que aquela imagem poderia significar.

— Salt, vem! — disse a menina pegando a mão do irmão com força, o puxando atrás de si.

— O que foi, Luce? Onde estão o vovô e a vovó?

— Vem rápido! — A menina e seu irmão correram no meio da escuridão para o subsolo da casa.

Salt encontrou um interruptor e acendeu a luz. No lugar, as crianças haviam brincado de esconder muitas vezes, fingindo que era um forte contra os piratas ou uma nave espacial que os levaria para explorar o desconhecido. Seu avô, quando não estava trabalhando, gostava de pegar todo o tipo de bugigangas ou eletrônicos velhos para consertar e distribuir a pessoas necessitadas que não tinham dinheiro para comprar algo novo. Havia construído no sótão uma oficina apenas para essa finalidade.

— Luce... Eu estou ficando com medo... O que está acontecendo? Onde estão o vovô e a vovó? Por que estamos escondidos aqui?

A menina olhava para a porta preocupada, como se estivesse esperando que alguém chegasse. Estava tão assustada quanto o irmão e não sabia ao certo sobre os últimos acontecimentos. Tentava ordenar seus pensamentos e reunir em sua mente informações que pudessem ajudar a desvendar o quebra-cabeça. A única coisa que parecia fazer sentido era uma verdade assustadora demais para a realidade de qualquer pessoa.

— Salt... Aquilo no céu não eram estrelas cadentes... E, se fossem, com a proximidade das luzes, tudo isso aqui já estaria destruído. Aquelas coisas no céu... Tive a impressão de ter visto aviões também.

— Como assim, Luce?

— Você se lembra de quando o papai nos levou para ver o show aéreo com aviões militares?

— Lembro, sim.

— Lá fora tinham vários como aqueles. — A menina colocou as mãos sobre os ombros do irmão, a fim de tranquilizar o menino enquanto tentava explicar o que poderia estar acontecendo. — Eu preciso de que você se concentre em mim, ok? Tudo vai ficar bem... Eu prometo.

— Você acha que são aviões de guerra, Luce? Vamos subir e procurar o vovô! — falou o garoto, dando passos em direção à porta pela qual entraram.

— Salt, fique aqui, você não pode ir lá agora! Eu acho que o vovô e a vovó não estão mais em casa. — Os olhos da menina ficaram marejados. Tentava conter a lágrima que caía para não deixar o irmão mais assustado do que já estava.

— Luce, isso é loucura! Precisamos encontrá-los!

— Não, Salt, não podemos sair agora! Pode ser loucura, mas eu sinto que o vovô queria falar algo para gente. Você se lembra da história que ele contou sobre o fim do mundo?

— Sim... Eu me lembro... Mas o que tem isso a ver?

— Veja que horas são! — disse mostrando o celular da avó, que havia pegado da mesa, antes de descerem ao sótão, indicando para que o garoto o olhasse. — Agora olha para aquilo! — falou apontando para um dos relógios antigos que seu avô havia trazido de uma loja de antiguidades e deixado pendurado na parede.

— Um... Um... Um minuto para a meia-noite?

— Sim... Desde a hora que o vovô saiu do quarto. Já se passaram quase uma hora desde aquele momento, e todos os relógios estão marcando um minuto para a meia-noite. E, quando eu desci para pegar água, vi o vovô e a vovó conversando com alguém na entrada da casa. Porém, só consegui escutar os dois, não vi mais ninguém, e o curioso foi que parecia mesmo que estavam interagindo com mais alguém que eu não conseguia ver. Era como se não tivesse ninguém além deles dois. Mas a maneira como conversavam fazia parecer mesmo que tinha mais alguém, entende? E, depois que veio o clarão, eles sumiram. — A menina estava tentando se acalmar, porém, quanto mais ela pensava, mais assustada ficava.

— Luce... Você acha que a história que o vovô contou para gente é real? — perguntou o menino, amedrontado com as possibilidades que passavam pela sua mente.

— Sobre o que exatamente?

— Aquilo de o mundo acabar... Será que já estamos vivendo o fim? Não pode ser coincidência ele ter contado aquela história toda para gente e agora... O vovô e a vovó sumiram! E essa coisa da meia-noite... Os aviões... — Os olhos do menino marejavam.

— Eu sempre quis acreditar... Na verdade, eu acredito, Salt. Mas uma coisa é acreditar em algo que está longe do seu alcance, que aconteceu há muito tempo ou que vai levar muito tempo para acontecer. Outra coisa é ter que lidar com isso aqui e agora. Eu realmente não sei o que pensar. A gente precisa ligar para o papai e a mamãe!

Em uma região nas montanhas, que fazia divisa com a reserva florestal da cidade, um cão latia incessantemente para o céu. Um homem que parecia ter acabado de acordar sai de dentro da casa para verificar o que acontecia.

— Altair! Por que está latindo assim? — O homem de cabelos compridos e barba por fazer se aproximou do cão e se abaixou para tentar acalmá-lo.

— Ei... Ei... Assim você acorda a vizinhança toda! — ironizou, pois vivia sozinho e isolado há muitos anos. — Não está vendo? A senhora raposa precisa ir dormir. — falou apontando para o animal que se aproximava, atraído pelo latido de Altair. O homem, então, levantou o olhar para o céu e observou os rastros luminosos que o riscavam de uma ponta a outra.

— Estrelas cadentes? Mas, nos dados para hoje, não havia nada sobre uma chuva de meteoros. Vem, Altair, vamos subir. — O homem misterioso, seguido por seu cão, foi em direção ao telhado de sua casa. Ali havia um telescópio posicionado em que o homem passava noites estudando os astros. Acomodando-se para tentar desvendar o que poderia estar acontecendo, sentou-se na cadeira que estava ao seu lado e apenas conseguiu exclamar.

— *Bosse moi...* São mísseis!

O homem entrou na casa e pegou seu celular. Verificou o horário: 23h59. Jurava que já havia se passado mais tempo. O aparelho estava sem sinal, não conseguia obter informações daquela maneira, então correu em direção ao rádio amador em que costumava passar algumas horas ouvindo os chamados da polícia enquanto observava o céu. Como vivia longe dos grandes centros, pensava que essa seria uma boa maneira de estar atento a possíveis bandidos que estivessem pela região, podendo, assim, se proteger melhor. O homem não conseguiu ouvir muita coisa além de uma conversa com interferência.

— Chefe! O senhor não vai acreditar... (chiado) Aquilo... diante dos meus olhos!

O homem, de início, não deu muita importância. Não via como aquelas informações poderiam explicar o que estava acontecendo. Segundo sua experiência, aquilo certamente não eram testes militares. Parecia movimentos de ataque a alguma região específica. Os riscos luminosos iam em direção ao Norte. Por quê? O que estava acontecendo no mundo?

Era muito tarde para alguém do observatório central estar acordado para confirmar o que havia visto.

Notou que o ponteiro não avançava. Continuava marcando um minuto para a meia-noite. Lembrou-se do relógio do apocalipse. Segundo a última contagem dos cientistas, a humanidade estaria às portas do fim. Seria uma infeliz coincidência ou apenas um mau presságio? Pensou em tentar buscar alguma informação na internet e entrou dentro de casa seguido por seu cão. Um barulho de copo caindo na cozinha o assustou. Aproximou-se lentamente com o canivete que sempre levava consigo quando saía de casa. Ao ligar a luz, viu o vulto de um gato que parecia procurar comida.

— Você me deu um susto. Pensei que os alienígenas já estavam invadindo a minha casa! — falou, enquanto se abaixava para pegar o animal. — Então você é uma garota, hein? Altair e eu estávamos precisando de um pouco de companhia feminina por aqui.

A gata pareceu muito à vontade com o homem, recebendo carinho no seu dorso. Ele pegou um pouco de frango com batatas que havia sobrado do jantar e deu para a gata.

— Acredito que você precisa de um nome... Que tal eu te chamar de Missy? Você gosta? — O felino miou como se fosse um consentimento. O homem olhou para Altair, que não entendia por que ela estava comendo em sua tigela e apenas observava movimentando a cabeça de um lado a outro. — Acredito que ela seja um novo membro da família, amigão. Vai se acostumando, pois as mulheres tendem a ser um pouco espaçosas. — falou pegando o velho amigo em seus braços. — Agora vamos ver as notícias!

Após verificar que as entradas e as janelas da casa estavam trancadas, foi até a sala verificar o seu computador. Não viu nenhuma notícia que falasse sobre o ocorrido há pouco e nenhuma atualização nos dados do sistema de monitoramento astronômico do país ou de outras regiões do mundo. Teve a ideia de olhar as imagens capturadas por sua câmera enquanto fazia as fotos do céu. Como se dedicava à astrofotografia em *time-lapse*, poderia ampliar as figuras e verificar melhor o que eram todas aquelas luzes. Enquanto observava as primeiras capturas, o sinal de bateria da câmera piscou em vermelho, mostrando que em breve iria acabar.

— *No lo creo*! Essas baterias são um problema! Já deveria ter arrumado uma auxiliar! — resmungou consigo mesmo. — Vou deixar isso carregando e vou dormir. Amanhã veremos as poses que nossos amigos alienígenas fizeram para nós nessa sessão de fotos. — falou pegando Altair no colo, tentando amenizar o aborrecimento que sentia.

Longe dali, os dois irmãos observavam o céu voltar a ficar calmo. Toda aquela claridade que havia feito a noite parecer dia tinha cessado como se nada houvesse acontecido. Era mais como um estranho sonho, do qual ambos queriam acordar.

— Salt! O sinal do celular voltou! — disse Luce sorrindo com a esperança de poder falar com seus pais. — Anda... Atende... Atende. — Segundos depois, uma voz familiar foi ouvida.

— Alô? Luce? É você? O que você está fazendo acordada a essa hora?

— Mamãe! Graças a Deus a senhora está aí! — Luce não conseguia mais segurar as lágrimas. — Mamãe, vem logo para casa... O vovô e a vovó sumiram!

— Como assim sumiram? Eles não estão aí?

— Não, mamãe... Eu os vi conversando com alguém na porta, e de repente umas luzes começaram a aparecer. Quando me virei, eles não estavam mais aqui! Eu estou com medo mamãe, por favor, vem rápido!

— Luzes?

— Sim, mamãe, por favor, vem logo! Salt e eu não sabemos o que fazer.

— Minha querida, escute a mamãe com atenção. Eu preciso de que vocês tranquem todas as janelas e portas. Se alguém tentar entrar em casa, se escondam no porão. Eu vou pedir ajuda. A tia Stella estava indo para a Ilha e acabou dormindo em um hotel. Ela ia chegar amanhã cedo, é quem está mais perto de vocês. Vou ligar para ela ir o mais rápido que puder. — A mãe tentava com isso tranquilizar as crianças. — Em pouco tempo estaremos juntas, meu amor. Tudo vai dar certo. Obedeçam à sua tia. Nós vamos encontrar seus avós! Qualquer coisa nos ligue. Deixem o aparelho de vocês com carga. Usem apenas para o necessário. Eu não vou sair de perto do celular. — E, com essas palavras, a mãe se despediu das duas crianças.

Ao amanhecer, tudo estava calmo. Não parecia que a noite havia sido tão agitada. A não ser pelo fato de Joseph e Ioli não estarem na casa, era como se nada tivesse acontecido. Salt havia dormido no sofá da oficina; e Luce, improvisado uma cama com cobertores no chão. A menina foi acordada pelo cachorro, Flock, que estava lambendo o seu rosto, pedindo comida.

— Para com isso, Floquinho! Eu já vou pegar a sua ração — falou, tentando afastar o cão de seu rosto. Ele era a única recente alegria que a menina sentia. Ver a figura familiar a aliviava da tensão que havia passado na noite anterior. Levantou-se e foi à cozinha preparar a refeição do cão, de Salt e a sua. Deu uma volta pela casa para ver se o primeiro e o segundo andares da casa estavam seguros para ela e o irmão permanecerem enquanto esperavam a tia. Olhou o relógio, que marcava oito horas. Sentia-se confusa com o que presenciara algumas horas atrás. Pegou o celular para ver se havia alguma mensagem de seus pais, suas tias ou avós. Aquilo tudo era tão fora do comum, como as histórias que seu avô contava. Tudo parecia igual do lado de fora da casa. Os noticiários na TV e na internet falavam apenas sobre testes com aviões de caça recém-adquiridos pelo governo.

— Será então que foi isso o que aconteceu ontem? — perguntou-se a menina.

— Luce! — chamou-a Salt ao entrar na cozinha.

— Oi... O café está pronto! Eu já dei comida para o Flock — falou apontando para o cãozinho de pelagem branca, preta e marrom, que girava enquanto comia.

— Luce... Eu achei isto aqui dentro da caixinha com aquela semente que o vovô nos deu. — O menino entregou um pequeno pedaço de papel, com algumas palavras escritas com a letra do avô.

Pó e pedra... Onde o ouro é puro e excelente... os braços erguidos seguram as taças que cessam a sede da humanidade... Colha o alimento das almas famintas por justiça.

As crianças ficaram olhando para o pequeno pedaço de papel, tentando entender o que era aquilo. Parecia alguma poesia retirada de algum livro que sua avó costumava ler. Será que ela havia deixado aquilo ali para eles como um presente junto à semente que seu avô lhes deu? Tudo era muito confuso, porém sem significado ou importância diante do que estavam vivendo. As crianças pegaram seus pertences e colocaram dentro de suas mochilas. Salt olhou novamente para o recipiente em que havia guardado a semente dada pelo avô e guardou o pequeno pedaço de papel com o enigmático escrito dentro. Ao terminarem, resolveram preparar algum lanche para a viagem, pois imaginaram que, no caminho de volta para casa, sentiriam fome.

— Vamos preparar para a tia também? — perguntou Salt.

— Sim, acho que vai gostar se levarmos alguma coisa para ela comer. Eu estou com muitas saudades da tia Stella.

— É... Eu também... Ela é muito divertida. Espero que ela saiba onde estão o vovô e a vovó.

— Eles devem estar bem, Salt. Ontem levamos um grande susto, mas a mamãe e o papai vão resolver tudo. — Tentava consolar o irmão, não demonstrando o receio que internamente sentia.

Pouco tempo depois, o motor de um carro foi ouvido se aproximando da casa. Luce chegou próximo à janela e sentiu alívio ao ver o rosto familiar.

— Salt! É a tia Stella!

A jovem havia se mudado alguns meses antes para a casa de sua irmã Aleena, para estar mais perto do seu trabalho. Tinha em torno de 28 anos, porém sua aparência ainda era jovial como a de uma adolescente. Fisicamente, era um misto de seus pais, com olhos e cabelos castanhos. Herdou, de sua mãe, o gosto pela poesia e, de seu pai, o espírito curioso. Desenhar as belezas da natureza era um dom que ela tinha, mas gostava mesmo era de criar e imaginar seres fantásticos desde que era pequena. A jovem era muito ligada aos seus sobrinhos e, quando Aleena disse o que ocorrera na Ilha, temeu por sua família. Foi o mais rápido que pode ao encontro deles. Ao descer do carro, deixou a porta aberta e correu em direção a Luce e Salt.

— Crianças! Vocês estão bem? — perguntou, aflita, a tia. — Meu celular ficou sem sinal no caminho, me desculpem por não conseguir entrar em contato com vocês. Vim o mais rápido que pude, assim que Aleena me disse que estavam aqui sozinhos! Vocês devem ter ficado muito preocupados, meus queridos — falou Stella, com muita emoção.

— Está tudo bem, tia. Mas você sabe do vovô e a vovó? — perguntou a menina, muito preocupada.

— Não, minha flor... Eu não sei, mas os seus pais, a tia Marvi e seu tio Gilbert já foram à delegacia falar do desaparecimento deles.

Salt abaixou a cabeça e começou a chorar.

— Eu quero o vovô e a vovó de volta!

— Vem aqui... — A tia puxou as duas crianças mais para perto e os envolveu em um abraço. — Vamos fechar a casa e ir encontrar o seu pai e a sua mãe. No caminho vocês me contam o que houve.

Stella ajudou os sobrinhos e o pequeno cão a entrarem no jipe e seguiu pela estrada oposta à qual havia passado. As crianças despediam-se das paisagens familiares e do velho farol, que diminuía à medida que o carro se afastava. A jovem tentava disfarçar a tensão que sentia, mas precisava ser forte diante das crianças.

Uma hora se passou desde que haviam saído da Ilha. Seguiam em direção à cidade de Terra Nova, local onde moravam. As duas crianças começavam a observar as montanhas que seu avô havia mencionado na noite anterior. Ambos sentiram o coração pesar, estavam muito preocupados ainda, pois seus pais não haviam retornado as ligações ou enviado mensagens de texto. Eles não tinham notícias sobre o que poderia ter ocorrido.

A estrada, aos poucos, parecia mais congestionada. Stella não entendia por que, àquela hora da manhã, havia trânsito tão intenso. Olhou o celular para verificar se era algum acidente mais à frente. O aparelho mostrava uma linha vermelha na estrada, indicando que o trecho estava lento devido a animais silvestres na pista. Ela bateu com a mão no volante e, então, resolveu dar a ré no carro.

— Para onde a gente vai, tia Stella? — perguntou Luce, acariciando o cãozinho, que dormia no colo de Salt.

— É melhor colocá-lo dentro da casinha, vamos ter que dar a volta pela montanha, e por lá a estrada não é muito boa. — Luce pegou a caixa de transporte do cãozinho e, ajudada por Salt, colocou o animal dentro.

Enquanto viajavam, Luce constatou que realmente aquele caminho era um pouco mais longo. Sentia sua barriga roncar, pois era quase hora do almoço e já haviam comido o lanche que tinham preparado para a viagem.

— Tia Stella! — chamou o menino com uma expressão cansada. — Tô com fome... Quando a gente vai poder parar para comer?

— Salt... Este caminho pela montanha é um pouco mais deserto. Não tem restaurantes à beira da estrada. Vamos tentar encontrar algum posto de gasolina com loja de conveniência, está bem? Pelo que mostra o GPS, o próximo posto fica em torno de uma hora daqui.

— É muito tempo... —resmungou o menino.

— Salt... Come um pouco deste biscoito aqui. — Luce entregou um pacote pela metade ao irmão. — Você quer, tia?

— Não, minha querida, obrigada, eu estou bem. Comam vocês dois. — Stella estava preocupada com seus pais, permanecia focada em retornar o mais rápido possível à cidade e obter alguma resposta sobre o sumiço deles. A Ilha dos Pássaros, por ser um povoado, não tinha delegacia ou serviço policial. Precisava esperar notícias de sua irmã em Terra Nova, para que algum oficial de Queluz fosse à ilha investigar o ocorrido. Era necessário passar 24 horas desde a última em que fosse vista para uma pessoa ser considerada desaparecida. Como Gilbert era do Corpo de Bombeiros, era provável que tivesse pedido ajuda a seus amigos para emitirem um alerta e procurarem nos arredores e nas saídas da Ilha, tanto por terra quanto por mar. O tempo era um inimigo que a jovem temia.

Enquanto dirigia, percebeu que alguns animais silvestres passavam pela estrada. Sabia que o caminho pelas montanhas era mais perigoso devido ao imenso número de bichos que atravessavam a estrada. Por mais que fosse comum o trânsito de animais, o congestionamento que viram era além do que estavam acostumados na Ilha. Talvez fosse algum animal perdido do bando. Luce e Salt ficaram maravilhados com os animais que ali viam. Bichos-preguiça, raposas-do-campo, tucanos nas árvores, muitas espécies da fauna local. Parecia uma aula de ciências da natureza a céu aberto. Continuavam olhando ao redor maravilhados até que Luce observou algo no acostamento.

— Tia Stella! Volta, por favor?

— O que foi, Luce?

— Ali atrás... Eu acho que tem um bichinho machucado.

— E se for algum animal perigoso? — perguntou Salt, preocupado.

— Eu acho que não! Parecia um pássaro com a asa machucada. Volta rápido, tia! — Stella deu a volta com o jipe e, poucos metros atrás, o animal estava tentando mover a asa. A jovem parou o jipe e desceu do carro junto aos sobrinhos. Procurou algum pano dentro do carro até que viu a toalha do pequeno cão da família. A mulher se abaixou e tentou pegar o animal sem que ele fugisse. O pássaro parecia muito calmo e não se assustou com a proximidade. Era como se soubesse que eles apenas queriam ajudar. Stella pegou-o cuidadosamente e o envolveu na toalha. Suas penas brancas estavam um pouco sujas de sangue. A jovem constatou que, enquanto voava, poderia ter enfrentado algum predador que tentou dar o bote.

— Luce, você vai conseguir segurá-lo enquanto eu dirijo?

— Vou, sim, tia. Pode ficar tranquila— falou a menina, feliz por poder cuidar do animal. Os três entraram no carro com o pássaro ferido e continuaram a viagem.

— Salt... — a menina chamou o irmão que começava a cochilar. — Este pássaro se parece muito com um que apareceu ontem em casa enquanto eu estava esperando o vovô chegar. Era do mesmo tamanho, tinha as penas brancas, como um algodão. E tinha esta mesma aparência calma — falou, acariciando o dorso do animal.

— Seria muito legal se ela estivesse nos seguindo — falou o menino, agora desperto com a história da irmã.

— Será? — perguntou Luce, animada com a possibilidade de aquilo ser real.

— Talvez ela more na Ilha e, depois que nossos avós sumiram, veio nos seguindo até aqui. Pode ser algum pássaro que vivia perto da casa e que a vovó alimentava sem a gente perceber.

— Pobrezinha... Se isso for verdade, ela deve estar sentindo a falta deles assim como nós. — Luce fez uma expressão de pesar em suas últimas palavras.

— É como o vovô disse... Vamos ter fé de que tudo vai ficar bem. Espero que ela seja um sinal de Deus para mostrar para gente que Ele está olhando por nossos avós. — Luce sorriu comovida com o que Salt acabara de dizer. De alguma maneira, aquelas palavras trouxeram um pouco de conforto para o seu coração.

CAPÍTULO 5

Escrito VI: Tinha uma casa no meio do caminho... No meio do caminho, tinha uma casa!

Enquanto dirigia, Stella tentava encontrar no GPS algum sinal do posto de gasolina. Parecia que quanto mais o carro se movia, mais distante o ponto ficava no mapa. Aquilo não poderia ser real. Já estava quase no meio da tarde, e ela precisava encontrar o lugar antes que ficassem sem combustível.

Droga! Não era para ser tão longe assim! O que está acontecendo com esse mapa? Nós precisamos parar e encontrar ajuda, antes que fiquemos no meio da estrada!, pensou consigo mesma. Não queria assustar as duas crianças no banco de trás do carro. Ao longe uma fumaça subia em meio à copa das árvores e pensou o que aquilo poderia ser. Seguindo mais adiante, viu uma casa que ficava na parte mais alta da montanha. Havia uma estrada de terra até a entrada da propriedade.

Sem muita escolha, decidiu seguir por ela e parou em frente ao portão da casa. Instruiu os sobrinhos a ficarem dentro do veículo, pegou seu canivete e o colocou no bolso de sua calça, a fim de se proteger caso tivesse algum perigo.

— Tem alguém em casa? — perguntou, batendo palmas. Segundos depois percebeu os latidos de um cachorro, que saía da portinhola dos cães e vinha em direção ao portão da frente. Um homem com aparência jovem, com barba e cabelos presos em um rabo saiu de dentro da casa segurando uma caneca que, pelo cheiro, parecia com a mistura de leite e café. O aroma fez a barriga de Stella roncar por um momento. Ficou de pé em frente à porta observando a mulher, tentando entender o que acontecia. Preferiu não se aproximar e ficou parado onde estava.

— O que você quer? — O homem desconfiava do que poderia ser, já que aquela era uma área deserta e de difícil acesso. *O que será que aquela mulher está fazendo nessa região?* Pensou consigo mesmo.

Stella tentou subir em cima de algumas pedras para poder olhar melhor por cima do muro, dirigindo-se mais ao lado esquerdo da casa.

—Você mora aqui? É que eu gostaria de saber onde fica o posto mais próximo. Parece que meu GPS está com algum problema e não está localizando bem.

O homem sorriu com o que acabara de ouvir.

— Senhora, não tem posto de gasolina nessa área. É preciso trazer um galão de reserva, se for se aventurar por esses lados da montanha. É muito chão pela frente! — falou sem sair do lugar.

Stella ficou preocupada com o que ouviu. A reserva no tanque estava quase no fim e não teria mais para o restante da viagem. O homem percebeu a expressão tensa da jovem e viu que ela poderia estar com problemas.

— Você precisa de alguma ajuda? — Estava preocupado, porém não queria se aproximar muito do portão, pois não sabia se podia ser um bandido usando uma bela e indefesa mulher para dar algum golpe. Mas não podia permanecer parado sem tentar fazer algo. E se ela realmente estivesse insegura e passando por problemas por estar em um lugar tão afastado da cidade e sem combustível? Resolveu se aproximar do portão e ver se ela estava sozinha. Ao olhar por cima, avistou o jipe de Stella e duas crianças no banco de trás do carro. Ouviu também os latidos de Floquinho, que brincava com Salt. O homem se penalizou com a situação e se apressou em tentar ajudar.

— Uma mãe e dois filhos sozinhos por esses lados? — perguntou em voz alta.

— É que nós estamos indo para a cidade e tinha um engarrafamento na estrada, então eu resolvi dar a volta pela montanha. Esperava encontrar um posto próximo, mas meu GPS parece que está com defeito. Indica que não estamos tão longe, mas pelo jeito...

— Não se preocupe, eu tenho uns galões que trago sempre quando volto da cidade. Vou abastecer o seu carro, não se preocupe. Depois disso, é melhor vocês irem embora antes de escurecer.

— Muito obrigada, senhor, eu não sei como retribuir! Desculpe o incômo... — Antes que pudesse terminar de agradecer, o homem observou o pássaro envolto na toalha no colo de Luce.

— Ei... Aquele pássaro parece estar ferido!

— Ah... Sim... Nós o encontramos na estrada e resolvemos pegar para tentar ajudar. Com os animais que estavam por lá, dificilmente ele sairia vivo... — lamentou a jovem. — Pobrezinho... Espero poder chegar logo à cidade. Precisamos resolver isso também...

— Posso dar uma olhada nele? Eu moro há muito tempo neste lugar, e já resgatei alguns animais na mesma situação. Vou lá dentro pegar algo que possa ajudar nosso pequeno amigo e providenciar para que seu carro esteja abastecido! — O homem parecia menos preocupado, aquela família não demonstrava perigo para ele, dadas as circunstâncias nas quais se encontravam. O que poderiam fazer uma mulher, duas crianças, um cachorro e um pássaro ferido?

Ao retornar, as duas crianças estavam do lado de fora do veículo. Luce havia sentado em uma pedra e tentava manter a ave aquecida, que, debilitada e sem forças, mantinha as asas encolhidas, como se estivesse sentindo dor. O homem se aproximou da menina junto ao seu cão Altair, que se colocou perto do amigo, tal qual um cão de guarda. Floquinho estava dentro de sua casinha e latia muito olhando para o outro cão, como se quisesse sair para brincar. Missy, por sua vez, estava deitada no quintal, aparentemente alheia ao que acontecia, lambendo seu corpo em sua limpeza diária. O homem sinalizou para Stella, dizendo que não havia problemas, Altair era um bom companheiro e não era agressivo com outros cães. A jovem assentiu com a cabeça para que Salt soltasse o pequenino, que alegre correu em direção ao amigo que encontrara. Ambos se cumprimentaram dando pulos e correndo de um lado a outro. Luce e Salt sorriram ao ver a alegria que demonstravam. Alguma coisa boa em meio à tristeza em seus corações...

O homem, por sua vez, pegou uma caixa branca onde parecia guardar alguns medicamentos e curativos. Pediu que Luce segurasse bem o animal e colocasse a mão sobre os olhos dele; a pouca luz iria deixar ele mais tranquilo. Verificou cuidadosamente a asa e constatou que, entre ela e o corpo da ave, tinha uma ferida aberta, como um corte. Não era grave, mas exigia cuidados. Pegou o soro que havia trazido e com gaze limpou o local. Em seguida, pegou o pirão de madeira, onde amassou folhas de camomila, que ajudariam a cicatrizar o local. Era o máximo que poderiam fazer naquele momento, mas constatou que ele ficaria bem.

— Já deram um nome para ela? — perguntou o homem, ao terminar de guardar o material de primeiros socorros.

— Ela? — entreolharam-se Luce e Salt.

— Sim... É uma fêmea. E ela parece muito tranquila com vocês, acredito que já os adotou como sua família. Eu conheço bem os animais... Vivo nesta montanha há muitos anos e sei quando um animal se sente em casa. Mas devo acrescentar uma informação: pelo que entendo da vida selvagem daqui, este pássaro está em extinção.

— Como? — Stella, um pouco incrédula.

— Não acredito que eu esteja errado. Nessa área alguns poucos pássaros dessa espécie foram avistados. É da espécie *Nemosia rourei,* ou como chamamos Saíra-apunhalada. A parte engraçada disso tudo é que o ferimento do pássaro realmente parece feito por algum objeto cortante.

— Você quer dizer que alguém tentou matá-la? — Salt perguntou indignado.

— Existem pessoas mal-intencionadas que fazem disso um negócio. E quanto mais raro o animal, mais interessante o mercado.

As crianças fizeram uma expressão de pesar pela nova amiga. Stella lamentou o destino do pobre pássaro, pois, após o animal melhorar, o certo seria soltá-lo naquele lugar, onde deviam ter muitas pessoas atrás dele.

— Salt... O que você acha de chamarmos o pássaro de Lua? Acho que fica bem para ela... Ela olha para a gente parece a Lua quando fica cheia. Dá a impressão de que estamos sendo vigiados — disse Luce, se lembrando da primeira vez que encontrou o pássaro.

— Eu acho um nome perfeito! Ele me lembra a conversa que tivemos com o vovô... — Dessa vez o menino pensava no que ele mesmo havia dito sobre a maneira que a Lua tinha de demonstrar o seu amor por meio das marés.

— É um nome muito bonito, crianças. Altair não será o único a ter um nome escrito nas estrelas... Agora vamos resolver o problema do carro! — falou o homem, levantando-se e indo em direção ao veículo.

— Muito obrigada pelo que o senhor está fazendo por nós — disse Stella observando o homem. — O senhor é muito gentil. Eu não tenho dinheiro aqui, e o sinal do celular não está muito bom, mas, se me der seu número, eu faço uma transferência de dinheiro quando chegar à cidade. Estamos gastando sua reserva de combustível. — A jovem estava em um misto de agradecimento e constrangimento. O homem apontou para a garagem da casa onde havia uma bicicleta.

— Eu tenho um transporte alternativo, não se preocupe — falou sorrindo, fazendo a jovem sorrir também.

Stella olhava para o céu, que tinha tons alaranjados no horizonte marcando o entardecer. O Sol tocava a linha das montanhas, onde se via ao longe a cidade com suas luzes acendendo uma a uma. O homem ofereceu a casa para que fossem ao banheiro e comessem alguma coisa. Stella estava com tanta fome e, vendo as crianças famintas também, não negou a oferta. Apenas entraram na casa para usarem o banheiro e comeram do lado de fora mesmo enquanto o homem terminava de encher o tanque do veículo.

— Pronto, minha senhora, vocês já podem ir! Se forem agora, ainda pegarão alguma claridade na estrada. Mais abaixo, as luzes dos postes já deverão estar acesas. Como aqui é uma área muito alta, eles colocaram a iluminação apenas na estrada abaixo. Coisas da não modernidade. Acredito que aqui em cima o tempo passa mais lento do que lá embaixo. Daqui de cima, há apenas as luzes das estrelas — falou, apontando para algumas estrelas que já despontavam no céu. — Esperem um momento!

O homem entrou na casa e, depois de alguns minutos, saiu com uma bolsa na mão. — Pega essa sacola! Aí dentro tem pães e algumas caixinhas de suco para vocês. Uma pena não ter mais nada decente a oferecer. Também coloquei ração para o seu cãozinho e algumas frutas para ajudar nossa amiguinha a se recuperar.

— Obrigada... Err... Desculpe, acho que não perguntei o seu nome, senhor...?

— É Edward Barnard! E não precisa me chamar de senhor. Qual o seu nome?

— Stella... E não precisa me chamar de senhora — respondeu sorrindo a jovem, agradecida e aliviada por poder continuar seu caminho.

— Stella... Como as estrelas...

A jovem sorriu por ele saber o significado de seu nome. Chamou as crianças para entrarem no carro. Salt teve que pegar o pequeno Floquinho no colo, pois ele não queria mais se separar de seu novo amigo. Altair foi para junto de Edward, observando o grupo que se distanciava, sumindo ao longe, o barulho do motor que diminuía aos poucos. O homem abaixou e fez um afago em seu cão, dando uma boa olhada em redor. Viu que tudo voltava a ficar calmo. Missy passeava entre as pernas de Edward, esperando carinho. O céu prometia outro espetáculo luminoso, pois não havia nuvens. O homem entrou em sua casa e resolveu preparar o jantar para ele e Altair, antes de subir para suas rotineiras observações dos astros.

No carro, Luce observava pelo retrovisor a parte alta da montanha que acabaram de deixar. Stella viu que havia uma chamada perdida de sua irmã. Pediu que Luce tentasse ligar para ela. Tentou algumas vezes, porém sem resposta. A jovem disse para a sobrinha não se preocupar, pois, assim que Aleena visse a chamada, iria retornar. A menina voltou a observar através da janela do carro e viu um ponto de luz no céu, na direção da casa de Edward. Devia ser o planeta Júpiter, que haviam observado momentos atrás. Percebeu que o entorno da montanha parecia estar se iluminando, como se as luzes da cidade abaixo estivessem sendo ligadas simultaneamente. Virou-se para a parte de trás do carro, para tentar ver melhor, e percebeu inúmeros riscos brilhantes pelo céu. Os olhos da menina congelaram por alguns segundos. Queria poder falar, mas a voz não saía de sua garganta. Era como a paralisia do sono. A menina se virou, com uma expressão de medo, como se o pesadelo da noite anterior estivesse acontecendo novamente.

— Tia... — disse em voz baixa, tentando recuperar a fala. — Para o carro...

Stella, no entanto, não entendeu o que Luce disse e continuou a dirigir.

— O que você falou, minha querida?

Ao olhar o retrovisor, percebeu que havia linhas que se estendiam iluminando o céu. Parecia uma chuva de estrelas cadentes. Luce conseguiu sair do estado de choque em que estava e advertiu a tia para que parasse o carro.

— Para o carro, tia! Foi isso que aconteceu ontem... Vamos embora daqui! — Salt abraçou seu cão enquanto Luce tentava não deixar o pássaro agitado com a claridade que cobria os céus cobrindo seus olhos. A menina ficou com medo, pois pensou que sua tia poderia sumir assim como seus avós.

Stella parou o veículo no acostamento e desceu para tentar ver melhor o que estava acontecendo. Ela percebeu que não poderiam ficar ali por mais tempo, entrou no carro e fez a volta para o caminho de onde estava vindo.

Edward, a essa altura, já havia visto as luzes pelo céu. Pensou na jovem e nas duas crianças que acabaram de sair. O homem sabia o que aquilo significava. Pegou as chaves do carro e, junto a Altair e Missy, foi atrás do grupo.

Quanto mais a noite avançava, mais intensos eram os raios luminosos. Era tudo muito impressionante como na noite anterior. Edward acelerou o carro, até que percebeu uma luz um pouco mais à frente. Eram faróis iluminando o chão de terra da estrada. O homem se animou ao perceber que era o mesmo jipe onde Stella e as crianças estavam. Levou a mão para fora do carro, buzinando sem parar, sinalizando que parassem, enquanto dava meia-volta com o seu carro. Desceu do veículo e se dirigiu ao grupo.

— Ei! Ainda bem que vocês voltaram! Estão bem?

— Sim, nós estamos! Vimos as luzes no céu e achamos melhor voltar. As crianças estão assustadas! Aquilo não é uma chuva de estrelas cadentes!

— Com certeza, não é... Vamos voltar rápido! — Edward entrou em seu veículo e, seguido por Stella e seus sobrinhos, voltou para a casa no alto da montanha.

Chegando a casa, o grupo seguiu para o interior apressadamente. Salt estava com muito medo, relembrando os momentos em que se viram sozinhos na casa de seus avós.

— O que está acontecendo, tia Stella?

— Eu não sei, meu querido— falou a jovem, conferindo se haviam retirado tudo de dentro do veículo.

— Fiquem dentro da casa! — alertou o homem.

— Você não vem? — perguntou aflita a jovem.

— Eu preciso verificar a parte sul da montanha.

— O que há ali? — Stella estava nervosa e, se havia alguma explicação para o que estava acontecendo, ela precisava saber. Edward passou a mão pela cabeça, o olhar tênue de antes dava lugar a uma expressão gélida, que fazia enrijecer os músculos da face.

— Eu sou astrônomo e tenho por hobby astrofotografia. Minha câmera estava posicionada para fotografar o céu por alguns meses. Ontem aconteceu algo que parecia ser uma chuva de meteoros. Fui buscar dados oficiais, e não havia registro algum de que haveria esse evento ontem. Subi no telhado e peguei a câmera para ver as fotos e, para minha surpresa, o que eu vi não era uma chuva de meteoros. — O homem pausou e passou as mãos pelos cabelos, transparecendo que algo não estava normal.

Stella percebeu a preocupação que o homem aparentava com aqueles gestos.

— Você está me deixando nervosa!

Edward respirou fundo e tentou voltar a si.

— Aquilo foi algum tipo de ação militar, eram aviões de caça e mísseis por todo o céu. Foi durante a madrugada, portanto muitas pessoas estavam dormindo, ou facilmente confundiram com uma chuva de estrelas cadentes. Foi tudo muito rápido, e hoje pela manhã os jornais apenas diziam que eram testes com aviões. Mas você não testa um avião atirando mísseis...

— Como assim mísseis? O que você acha que está acontecendo?

— Olha... Eu até poderia deixar de lado se tivesse ocorrido apenas ontem. Eu voltaria a beber meu café e pensaria que era algum treinamento. Mas hoje novamente a mesma coisa, só que ainda por cima com a luz do dia? Acho que alguém desistiu dos jogos em simuladores e foi testar na vida real — ironizou.

— Você acha que é seguro a gente ficar aqui?

— Não sei, mas é melhor do que estar lá fora. Eu preciso ver a parte sul da montanha. Eu não vou demorar. Fiquem aqui e não recebam ninguém além de mim. Você sabe usar uma arma?

— Claro... Quando eu fui ao parque e fiz tiro ao alvo por 30 minutos para ganhar algumas pelúcias para as crianças.

— Não sabia que era tão aventureira! — A tensão anterior se desfez, fazendo o rapaz dar um grande riso.

— Por que você tem isso aqui na sua casa? — perguntou surpresa a jovem ao olhar a espingarda que o homem pegava de dentro de um dos cômodos da casa.

— Eu moro nas montanhas. Use isso aqui se aparecer algum animal com duas patas! — falou esboçando um sorriso no canto da boca. A jovem o olhou enquanto pegava a arma com receio. — E não deixe as crianças chegarem perto disso! É só por segurança até eu voltar. Cuide deles, Altair... — disse Edward se despedindo do cão e dos demais ao deixar a casa.

— Tia Stella! — chamou Salt um pouco melancólico. — O que está acontecendo? A gente tá em perigo? Não temos notícias da mamãe ou do vovô e da vovó. Eu tô com medo! — falou abraçando sua tia.

— Ei, garotão! Você é o mais valente aqui, viu? Cadê aquele menino que lutava contra os supervilões e vivia grandes aventuras? Acredito que agora vamos precisar dele mais do que nunca — disse enquanto afagava o menino e tentava animá-lo com um sorriso. Chamou Luce acenando com a mão. — Vamos combinar algo? Eu preciso de que vocês prestem bastante atenção no que eu vou falar. Se por acaso alguma coisa acontecer e eu não estiver perto de vocês, quero que estejam sempre juntos e não se separem por nada neste mundo. Eu vou sempre dar um jeito de chegar até vocês, está bem? Não importa o que acontecer, eu sempre irei voltar.

As crianças, mesmo sem comentar nada, perceberam que, durante todo o tempo em que estiveram juntos, sua tia estava tão assustada quanto eles. Luce era uma menina muito sensível e, apesar de ter passado momentos angustiantes com seu irmão, tentava manter-se calma e passar tranquilidade ao menino. Queria incomodar o menos possível sua querida tia.

Passadas quase duas horas, Edward retornou. Stella correu para encontrar o rapaz, a fim de finalmente poder tentar entender toda aquela situação que estavam vivendo.

— Graças a Deus você está bem! — falou a jovem aliviada por ver o homem.

— Também estou feliz em ver que vocês estão bem. Onde estão as crianças? — perguntou ao notar o silêncio que se fazia no local.

— Tive a liberdade de usar um dos quartos e colocá-los para dormir. Estavam muito cansados pela viagem, pelo que houve ontem... — a jovem falou com os olhos marejados, como se finalmente pudesse desabafar a tensão que sentia desde que soube que seus pais haviam sumido. O homem, notando a perturbação de Stella, tentou confortá-la. Não imaginava que aquele grupo em viagem poderia estar passando um problema maior do que a falta de combustível.

— O que está acontecendo? Você não se sente bem?

— Desculpe-me, mas é que tudo está acontecendo tão rápido. Ter que levar as crianças em segurança, esse caminho maluco que nunca tem fim, essas luzes estranhas... Os meus pais... — Começou a chorar compulsivamente, fazendo o rapaz abraçar-lhe, tentando tranquilizá-la.

— Ei, moça... Fica tranquila, hein? Vocês estão seguros aqui, e eu não vou deixar nada de mal acontecer. — A jovem inspirou profundamente, procurando reencontrar o equilíbrio que mantinha desde que chegou à Ilha. — Agora... Se você puder explicar... Por que precisava levar seus sobrinhos em segurança? Onde estão os seus pais?

— Pode parecer loucura, mas eles sumiram... Eu estava indo à Ilha passar um fim de semana com minha família, quando minha irmã, com quem eu moro na cidade, me ligou desesperada e pediu que eu me apressasse em pegar as crianças. Eles são meus sobrinhos. Os dois estavam de férias, e tudo o que sabem dizer é que parecia haver alguém na entrada da casa conversando com os meus pais à noite e de repente essas luzes estranhas no céu apareceram. Luce presenciou o que houve e disse que, quando o clarão surgiu, eles desapareceram como um passe de mágica.

— É... Isso realmente parece muito louco. Mas deve haver uma explicação lógica para o que aconteceu. Vocês chamaram a polícia?

— Aleena e meu cunhado disseram que iriam fazer isso. Eles são advogados e conhecem algumas pessoas que poderiam ajudar. Mas é complicado, já que a Ilha não tem um posto policial, e normalmente a polícia pede para aguardar 24h até que a gente procure ajuda.

— Oh sim, os caras da lei.

— Você tem algum problema com isso?

— Não é bem um problema, mas é o que acontece sempre. Vão pedir para esperar 24h até ser declarado como desaparecimento. Acho que as famílias, ao darem queixa do desaparecimento de alguém, têm motivos para isso. Esse tempo que eles esperam é muito importante para o sucesso de uma busca.

— Eu sei... Por isso minha irmã está cuidando disso. Eles têm amigos que certamente vão nos ajudar.

— E ela já entrou em contato com você?

— Ela tentou, mas o celular estava sem sinal... — A jovem abaixou a cabeça e olhou novamente para o celular, em busca de alguma mensagem ou chamada perdida.

— Então vamos nos concentrar em levar vocês para casa em segurança.

— Eu sou muito grata pela sua ajuda... Esse problema no caminho, a demora... Não fosse isso era para já estarmos em Terra Nova. Tudo culpa desse GPS maluco que nos levou a lugar nenhum!

— Você havia comentado que tinha um engarrafamento, certo? Sabe o motivo?

— Parece que tinha alguns animais silvestres passando pela estrada. Não entendi muito bem o aviso, mas resolvi dar a volta na montanha para não ficar presa com as crianças na estrada.

— Isso é estranho... Vivo aqui há muitos anos e conheço um pouco do comportamento desses animais. Normalmente vivem dentro da floresta, em direção ao topo. Raramente descem... Cientificamente falando, quando isso acontece, é porque podem estar prevendo alguma situação de perigo para seu bando.

— Talvez esses mísseis de que você falou? — perguntou Stella, intrigada.

— Não posso dizer que sim ou que não. Algum impacto dos mísseis na terra poderia fazer isso.

Os moradores locais mais antigos dizem que, quando catástrofes estão para acontecer, os animais simplesmente avisam se comportando dessa maneira.

— Então no fim eles estavam certos... Uma catástrofe se abateu sobre a minha família... — Os olhos da jovem marejaram, e as lágrimas teimavam em cair pelo seu rosto.

— Eu sei que isso não ajuda muito nesse momento, mas tudo vai ficar bem... Eu prometo que vou ajudar vocês a chegarem a Terra Nova, ok? — o rapaz falou, comovido com a situação dos três novos amigos que fizera.

— Muito obrigada, Edward... Eu não vou esquecer o que está fazendo por nós. — Ele deu um leve sorriso que confortou Stella.

— Tente dormir um pouco. Como eu vivo sozinho aqui, não disponho de muita coisa para acomodar vocês, mas você pode dormir no meu quarto.

— Eu não quero incomodar, posso ficar com as crianças.

— Não se preocupe... Guardo algumas coisas de quando acampava lá fora para ver as estrelas. Vou dormir aqui na sala e estarei bem, como sempre estive lá fora — disse, piscando o olho e tentando deixar a jovem menos constrangida por ele estar indo dormir na sala.

Poucas horas se passaram, e Edward já estava de pé. O suave aroma do café recém-feito se espalhava pela casa, despertando Stella e sua fome. O rapaz olhava seu tablet com uma mão enquanto segurava sua xícara de café com a outra, observando atentamente alguns números e gráficos que mudavam a cada segundo. Os raios do sol despontavam, atravessando o vidro da janela, que ainda estava fechada por segurança. A jovem se aproximou timidamente, não querendo incomodar seu anfitrião, e procurou com o olhar pela cozinha.

— Bom dia, Stella, de pé tão cedo?

— Bom dia, Edward... Já estou acostumada a esse horário por causa do trabalho. — Não pôde evitar olhar para a xícara de café na mão do novo amigo. O cheiro convidativo aguçava a sua fome, o que fez o homem sorrir.

— A cozinha fica ali, você pode pegar o que quiser... Infelizmente não pude descer até o mercado para comprar pães, mas fiz algumas torradas com as sobras de ontem.

— O-obrigada... — gaguejou, um pouco constrangida com o trabalho que considerava estar dando para o rapaz.

— As crianças ainda não acordaram?

— Eu fui ao quarto, e eles estavam dormindo. Passaram por tanta coisa que acredito que seus corpos estão procurando se recuperar das emoções que sentiram. Antes de tomar café, vou tentar ligar para minha irmã. Espero que ela me responda.

— Fique à vontade...

"O número para o qual você ligou está fora da área de cobertura. Por favor, tente novamente mais tarde."

Bip... Bip... Bip...

— Não entendo... Está fora da área de cobertura! Mas até ontem à noite estava funcionando bem!

Edward pegou o celular que estava ao lado de seu tablet e verificou que também estava sem cobertura.

— É estranho... Deixe-me ver o tablet... Argh... Igual... Vamos esperar mais um pouco, pode ser que mais tarde eles voltem ao normal.

— Você acha que tem a ver com o que aconteceu ontem?

— Pode ser que sim, mas não tenho certeza.

— O que dizem os noticiários?

— Nada demais... Continuam a comentar sobre o teste no Cabo Queluz para o lançamento do satélite, que aparentemente não deu certo.

— Mas... agora vão dizer que são foguetes levando satélites? Até onde eu sei, eles não cortam o céu de lado a lado como moscas frenéticas.

— Exatamente... A não ser que ele tenha explodido; e os destroços, caído por algumas partes da região... Mas não houve relato de acidentes.

— Você disse que pareciam mísseis.

— E continuo acreditando que sejam. Sente-se enquanto eu vou pegar um café para você. Aproveito e pego outro para mim. Parece que nossa conversa será um pouco longa... — O jovem se dirigiu à cozinha, deixando Stella com muitas dúvidas sobre qual ligação os últimos eventos poderiam ter com o desaparecimento de seus pais.

Capítulo 6

Escrito VII: *As estrelas cadentes não carregam nossos desejos...*

Luce e Salt acordaram com o pequeno Flock e Altair lambendo suas mãos.

— Ei, Floquinho... Você não cansa de fazer isso, não é mesmo? — disse Salt. Altair parecia encantado com os novos amigos que fizera, não queria mais se afastar das crianças e do outro cão.

— Salt, nós dormimos muito! Precisamos ver se a tia Stella teve notícias do vovô e da vovó! Também precisamos ver como está o ferimento do pássaro!

Ambos se levantaram e foram até o canto do quarto que tinha uma caixa onde a pequena amiga passara a noite. A ave parecia bem melhor e já conseguia mover as asas sem maiores problemas. As crianças sorriram ao ver que o novo membro da família havia melhorado.

— Vamos levá-la até a tia Stella. Ela vai ficar feliz em ver que está melhor! — disse Salt, com um grande sorriso. Ajudar o pássaro conseguiu desviar a atenção deles da tensão pela qual passaram, mesmo que por poucos momentos. Seguidos pelos cães, foram à sala onde Stella e Edward estavam.

— Tia Stella! — as duas crianças gritaram ao mesmo tempo, correndo para abraçar a tia. Edward sorriu com o gesto e cobriu o tablet que estava em suas mãos. As crianças pareciam ser muito próximas à mulher, e pensou que foi um milagre a tia estar a caminho da Ilha quando houve o primeiro episódio das luzes no céu. O homem teve um pensamento sombrio que procurou apagar da mente olhando a momentânea alegria pela qual a pequena família passava.

— Vejo que estão prontos para mais um dia! Espero que tenham dormido bem. Eu vou preparar o café de vocês e desses pequenos barulhentos que devem estar famintos! — Edward falou enquanto abaixava e afagava Altair, e estendia a mão para acariciar Floquinho. — Também precisamos dar algo para essa pequena dama que parece já estar recuperada — disse olhando para a ave que o encarava como se entendesse suas palavras.

— Sim! Nós viemos mostrar para a senhora que ela já está bem! Olha isso, tia Stella! Parece um milagre — falou Luce, com uma expressão muito feliz.

— Sim, minha querida, nossa amiga enfrentou com coragem nossa viagem. Devemos agradecer a Edward, que nos ajudou muito desde que nos encontramos. — As crianças olharam para o homem e correram em sua direção para abraçá-lo, como se fosse um velho conhecido. O gesto comoveu o rapaz, que ficou envergonhado com a demonstração de afeto por parte de pessoas que mal o conheciam.

Edward notou que eram pessoas muito simples e que pareciam ser de uma boa e amorosa família. Ele se sentia estranhamente confortável com a situação, como se fossem velhos conhecidos ou parte de sua família.

Stella ficou feliz em ver sua reação. A maneira com a qual ele se comportou desde que se conheceram mostrava que era um homem íntegro que tiveram muita sorte de encontrar. Stella não sabia onde ou como estariam se não tivessem o encontrado. O que poderia estar acontecendo do lado de fora da casa? O mundo era um lugar seguro para que continuasse seu caminho com seus sobrinhos para Terra Nova? O que havia acontecido realmente com seus pais? As luzes poderiam ter alguma ligação com o desaparecimento deles? E se sim, seria algum tipo de situação extraterrena? Não podia ser... Esse tipo de coisa não existia. Apenas existiam pessoas más que poderiam causar danos a outras pessoas...

Após tomarem café, as crianças foram para o lado de fora brincar um pouco com Altair e Flock. Stella olhava Edward esperando que ele voltasse ao assunto que conversavam.

— E então? Agora estamos sozinhos. Você pode continuar de onde parou...

— Você notou.— Edward sorriu por Stella ter percebido que ele havia evitado o assunto diante das crianças. — Ok... Venha ver uma coisa! — falou enquanto ia até a mesa e ligava novamente o tablet. — Você vê estas fotos?

— Sim... Mas o que têm elas? Descobriu alguma estrela nova? São as fotos de sua coleção? Meteoros? Eu só vejo riscos luminosos.

— Não são fotos de objetos celestes... Estavam no céu, certamente, mas longe de ser algo bonito e pelo qual eu estivesse à procura. Observe mais de perto. — O homem ampliou a foto, que passou a ter uma forma mais precisa. Stella tentou decifrar a imagem, mas não entendia muito bem o que deveria procurar. Até que no canto da imagem, no caminho oposto ao das luzes brilhantes, outros pontos iguais pareciam surgir, não como um objeto cortando o céu, mas sim vindos do chão, da terra, mais ao norte.

— E-espera aí... Isso é o que eu estou pensando? Você conseguiu registrar os mísseis?

— Parece que sim.

— A gente precisa enviar isso para os jornais, para a polícia, para as Forças Armadas!

— Você realmente acha que, se fosse algo para a população saber, já não estaria nos noticiários? Liga a televisão. Veja as redes sociais. Ninguém fala nada a não ser sobre os testes para a nova missão tripulada para a Lua, ou sobre os aviões de caça que o governo adquiriu. Sem guerras, sem conflitos internacionais. Aparentemente tudo em paz. O que você acha que iria acontecer comigo se eu levasse essas fotos para as autoridades?

— Tem razão... Melhor não — ponderou a jovem. — Mas a gente não pode continuar assim. Eu preciso chegar a Terra Nova com as crianças e encontrar os meus pais! Se o mundo está em guerra ou em paz, para mim neste momento é o que menos importa. Só quero ir para casa e que tudo volte ao que era antes!

— Eu vou ajudar vocês a irem para Terra Nova, não posso deixar que continuem a viagem sozinhos do jeito que as coisas estão estranhas lá fora. Ontem à noite fui olhar a descida da montanha pela floresta e me surpreendeu não ver os animais. Algo estranho está acontecendo. Imagino que isso tem a ver com o fato de eles descerem pela estrada e causarem o engarrafamento que desviou vocês do caminho.

— O que quer dizer?

— Alguns animais podem sentir terremotos, às vezes, com semanas de antecedência. Outros se guiam pelo campo magnético da terra. Não podemos saber por hora se o comportamento deles se deve a um possível desastre natural ou à mudança que a terra está apresentando no polo magnético.

— Eu espero que eles não estejam fugindo de um predador maior do que todos nós — sugeriu a jovem em um tom assustado.

— Diga para as crianças arrumarem suas coisas. Você vai com o seu carro atrás, e eu irei com o meu na frente. Vou preparar minha bagagem para ficar na cidade por algum tempo até eu conseguir falar com algumas pessoas. Acredito que ficar lá é o melhor por enquanto.

Stella foi avisar os sobrinhos para levarem suas coisas para o jipe, enquanto Edward desmontava e guardava seu equipamento de trabalho.

Duas horas haviam se passado, e o grupo almoçou antes de seguir viagem. Ainda não era meio-dia, e o Sol já brilhava intensamente no céu. Stella conferiu seu celular mais uma vez para tentar uma última ligação para a irmã. Teve uma surpresa quando o telefone tocou antes mesmo que ela pudesse abrir o contato da irmã.

— Stella?

— Aleena? Irmã! — A jovem não conteve as lágrimas ao ouvir a voz familiar.

— Stella, por que vocês ainda não chegaram em casa? Estamos preocupados!

— É uma longa história! Mas nós também estamos preocupados! As primeiras ligações que fizemos vocês não atenderam. O que está acontecendo? Tem notícias do papai e da mamãe?

— Nós estamos tentando entrar em contato com vocês a cada hora, desde nossa última conversa. É como se o seu número ou o das crianças não existisse. Ora... Isso não importa agora... Felizmente vocês estão bem! Sobre o papai e a mamãe... Não tivemos notícias. Falei com alguns amigos que temos na delegacia e até agora não encontraram nenhuma pista. Gilbert acionou os bombeiros das regiões vizinhas e disseram que qualquer notícia que tenham nos avisarão imediatamente.

— Mas a polícia já está fazendo as buscas oficialmente? — perguntou Stella.

— Eles já são considerados desaparecidos, e a polícia está agora na Ilha. Eu não pude acompanhá-los, pois está havendo algum problema com todo o povoado. Aparentemente vão interditar a Ilha. Parece que tem a ver com alguns testes que fizeram para o lançamento de um foguete no Cabo Queluz. Houve algum tipo de falha que fez uma grande explosão. Eu não entendo como, mas parece que houve deslizamento de terra pelas encostas, e em muitas ruas o asfalto cedeu. Dizem que a água do mar acabou invadindo uma grande área no entorno, então a Defesa Civil achou melhor interditar a área. O Corpo de Bombeiros já está no local, e o Prefeito disse que está enviando equipes para ajudar os moradores no que precisarem.

— Aleena... Nós ainda estamos na cidade...

— Como? Mas vocês saíram há um dia, isso não é possível! Onde exatamente vocês estão?

— Não se preocupa — falou a jovem, tentando controlar a respiração. — Subimos a montanha em direção ao sul. Peguei um caminho alternativo, porque havia um longo trecho fechado que ia para a ponte leste. Disseram que era por causa dos animais na estrada. Estava tentando acessar pelo outro lado da Ilha.

— Stella... Mas vocês estão seguros em algum lugar?

— S-sim... Quero dizer... No caminho encontramos um morador local que nos ajudou com o combustível. Quando tentamos ir embora, mais uma vez aquelas luzes apareceram no céu, como as crianças descreveram quando o papai e a mamãe sumiram.

— Lembro de Luce falar sobre isso. Eu não consegui nenhuma informação sobre isso. E não faço a menor ideia se teve algo a ver com o que aconteceu naquela noite. Quando vocês chegarem aqui, vamos conversar melhor e procurar pistas que nos deem alguma informação sobre o papai e a mamãe.

— Eu vou dar um jeito de chegar a Terra Nova. Não se preocupe.

— E como as crianças estão? Estou preocupada com eles... Meus bebês... passando por tanta coisa... Eu quero meus filhos nos meus braços. — Aleena chorava desconsolada. Estava sob muita tensão desde que soube do desaparecimento dos pais, além da preocupação com os filhos e a irmã que estavam incomunicáveis há um dia.

— Eles estão bem. Estão cansados e sempre perguntam pelos avós... Mas graças a Deus estão bem. Dimitri está com você? E a Marvi? Ela deve estar desolada com o que está ocorrendo...

— Dimitri não está aqui. Ele tentou ir à Ilha, mas não o deixaram seguir caminho. Já deve estar voltando. Marvi passou a noite conosco, e agora pela manhã foi para casa tomar um banho e tentar dormir um pouco. Ela permaneceu acordada toda a noite, ligando para os tios ou amigos que pudessem dar alguma informação. Quando Dimitri retornar, nós vamos mais uma vez à delegacia... Não é possível que eles não possam ter uma ideia de onde nossos pais estão, principalmente neste momento, com o que aconteceu na cidade.

— Está bem, Aleena, é melhor eu me apressar em sair daqui quanto antes. Espere um momento para você poder falar com as crianças. — A jovem olhou para Edward que, ao entrar pela porta, parou diante dela vendo que conseguira contato telefônico. Ela sinalizou com a mão pedindo que ele chamasse as crianças. Edward correu para o lado de fora da casa e gritou pelos dois irmãos que estavam brincando com Altair e Flock enquanto eram observados pela ave. Ambos entraram na casa numa rápida velocidade, ansiosos para poderem falar com a mãe. Luce foi a primeira a pegar o telefone, que estava no viva-voz.

— Mamãe! O vovô e a vovó... Desculpa, eu não sei o que aconteceu com eles... — a menina disse ofegante, atropelando as palavras, despejando toda a emoção contida no último dia.

— Acalme-se, por favor, meu anjo... Você não tem culpa de nada e não precisa se preocupar. Vocês foram corajosos esperando tia Stella chegar. Estou orgulhosa dos dois.

— Eu estou com saudades... Quero ir para casa, mamãe!

— Em breve vocês estarão aqui. Sua tia está cuidando bem de vocês, certo? Tudo vai ficar bem — falou tentando tranquilizar a filha. Por dentro, sentia-se tão angustiada quanto a menina, mas precisava manter a calma para não afetar seus filhos.

— Te amo, mamãe — finalizou Luce, entregando o telefone ao irmão.

— Mamãe! Pode deixar que eu vou cuidar da Luce, está bem? Quando eu chegar em casa, vou ajudar a procurar nossos avós. Eu e o Floquinho vamos fazer uma equipe de resgate. Agora temos a Lua para acompanhar a gente na vista aérea!

— Como? Quem é Lua? — perguntou a mãe, que, por um momento, imaginou que fosse alguma das pessoas que os ajudou no caminho.

— É o pássaro que encontramos ferido na estrada. Agora ela está bem. A gente pode ficar com ela quando chegarmos em casa, mamãe? Por favor! A gente acha que ela ficava na casa do vovô e da vovó, visitando todos os dias. Ela pode saber de alguma coisa — falou inocentemente o menino. Stella e Edward sorriram com as últimas palavras da criança. Ao menos eram momentos de ilusão que ajudavam a distrair a mente de Salt em uma situação difícil como a que passavam.

— Quando vocês chegarem aqui, veremos o que podemos fazer, está bem? É um pássaro, e eles precisam viver livres. Agora me deixe falar com tia Stella, por favor. Eu e seu pai amamos vocês dois, meus pequenos. Cuidem-se e obedeçam à sua tia, por favor!

— Também te amamos, mamãe — responderam os dois irmãos ao mesmo tempo, enquanto Salt devolvia o telefone à Stella.

— Stella, como eu disse, vamos voltar à delegacia quando Dimitri retornar. Assim que tiver alguma notícia, ligo para você. Espero vocês em casa no fim da noite. Não preciso pedir que cuide deles, não é mesmo, minha irmã? Você tem feito sempre esse papel quando eu não estou por perto. Amo você também, viu?

— Também te amo.

Edward percebeu certa tristeza na voz de Stella. Imaginou que pudesse ser pela angústia que também estava passando com tanta responsabilidade diante de si, além da ausência dos pais. Permaneceu em silêncio, pois não queria prolongar o sentimento no coração da nova amiga. Quando Aleena desligou o telefone, Edward deu um sorriso terno tentando encorajar a jovem.

Stella instruiu que as crianças juntassem todos os seus pertences e os colocassem no carro, com os animais. Aproveitou que estava a sós com o Edward para poder conversar mais à vontade antes de seguir viagem, sem preocupar os sobrinhos com o que seria falado.

— Edward... Agora tudo faz sentido... Eles estavam tentando seguir para o continente!

— Os animais?

— Sim! Já sabemos que todas aquelas explicações era apenas para enganar as pessoas. Primeiro, aviões de caça recém-adquiridos; depois foguetes com falha. E agora a Ilha está interditada por causa dos impactos? Eu só consigo pensar que tentaram criar um grande teatro para disfarçar tantas ações bem debaixo do nariz de toda a população.

— Com certeza. A maneira com a qual você descreveu os animais na estrada e a ausência deles no alto da montanha dão a entender que sim, eles estavam fugindo para o continente.

— Mas que tipo de impacto pode ter esse efeito? Eles estariam realmente pressentindo algum perigo como você disse antes?

— Tudo leva a crer que sim. Se o impacto dos mísseis em solo despertou neles o instinto de sobrevivência, eles sabiam que deveriam ir para o continente, visto que estamos em uma Ilha. Na pior das hipóteses, fugir pela água não seria uma boa alternativa para eles

— É... E, com as fotos que você registrou, sabemos que nada do que eles falaram é verdade! Alguma coisa grande começou no dia em que os meus pais sumiram, e os responsáveis por isso perderam o controle e estão tentando limpar a sujeira.

— Eu não poderia ter feito uma teoria melhor.

— Não esqueça que eu ganho para pensar de forma fantasiosa. Não é difícil criar uma tese com as provas que você tem em mãos.

— E eu ganho para mostrar provas... Não é difícil montar as provas com o governo, as Forças Armadas, os alienígenas, ou sei lá o quem, fazendo tantas merdas.

Stella riu com a comparação que Edward acabara de fazer. Após o breve momento de descontração, retomou a seriedade com que falava anteriormente e acrescentou: — Você conhece bem a Ilha, certo? Ao menos vive aqui nas montanhas há algum tempo... Acredita que realmente exista algum problema que ameace a vida das pessoas?

— Para te responder com mais certeza, eu preciso entrar em contato com alguns conhecidos que tenho. Mas eu não acredito que impactos de mísseis ou foguetes com falhas sejam o motivo da interdição da Ilha. Aqui de cima é um ponto privilegiado para observar toda a área, e, além do movimento dos animais e dos registros no céu, eu não vi nada que fosse motivo de alerta. Mais cedo, eu estava olhando alguns gráficos de dados oficiais do centro e vi que, em todas as possíveis falhas, os destroços não iriam cair na Ilha. A trajetória que seguiriam daria em alto-mar, a quilômetros de distância.

— Será que isso tem a ver com o sumiço dos meus pais? — Stella parecia temerosa. Edward ficou em silêncio e abraçou a jovem tentando confortá-la.

Já do lado de fora, Edward acomodava Missy e Altair no banco de trás do carro. Stella verificava se as crianças haviam colocado o cinto de segurança e se os animais estavam confortáveis.

— Já está tudo pronto. Precisamos ir.

Stella assentiu com a cabeça e entrou no carro, seguindo Edward rumo ao seu destino.

CAPÍTULO 7

Escrito VIII: Fazendo amizades

Duas horas haviam se passado desde que deixaram a casa de Edward. O grupo seguiu sem fazer paradas pelo caminho. O astrônomo estranhou o fato de a viagem parecer mais longa do que deveria. Observava o navegador que mostrava o tráfego tranquilo pela região, o que era confirmado pelo fato de não terem visto nenhum veículo desde que saíram de casa.

Era um lugar pouco povoado, porém o caminho pela Serra das Pedras continuava sendo o acesso sul até a ponte principal de saída e entrada da Ilha dos Pássaros. Ligou seu rádio amador, a fim de tentar ouvir algum chamado policial. Teve esperança de que pudesse haver alguma notícia sobre os pais de Stella. Porém, apenas falava sobre as chamadas de emergência para os moradores da Ilha que ainda estavam esperando ajuda para evacuar o local. *Talvez se a polícia se concentrasse em procurá-los entre as pessoas que ainda estavam ilhadas, o casal poderia ser encontrado,* pensou consigo mesmo. Edward avistou um posto de gasolina, o mesmo que Stella havia visto pelo navegador quando tentava ir para o continente antes de encontrar Edward.

— Finalmente te encontramos, hein? É melhor a gente parar um pouco. — Ligou o sinal de alerta do carro para avisar à Stella que iria sair da pista. A jovem entendeu e continuou seguindo com seu jipe até pararem em frente à loja de conveniência do posto.

Todos desceram do carro, e o rapaz se aproximou do pequeno grupo que o seguia. As crianças pareciam cansadas e com fome. Salt avisou que precisava ir ao banheiro enquanto Altair e Floquinho latiam balançando seus rabos, ávidos por água. Missy caminhava longe do grupo, como se não tivesse interesse em estar com eles, mas, quando Luce pegou o pote de água e ofereceu aos dois pequenos bons amigos, a gata rapidamente se apresentou ficou miando para a menina. Luce sorriu e pensou em como Missy era engraçada, tentando mostrar ser independente dos demais, porém, quando necessitava de algo, se tornava a mais carente de todos. Após estarem saciados, os dois cães correram para conhecer o local, e a gata subiu no muro para tentar alcançar o telhado do estabelecimento. Edward advertiu Altair de que não fosse muito longe; Salt falou o mesmo para o pequeno companheiro.

O homem entrou na loja sendo seguido pelos amigos. Havia poucas pessoas no local. Pediu algumas informações sobre os últimos acontecimentos na Ilha. O atendente foi atencioso e comentou o pouco que sabia.

— Não sabemos muita coisa... Apenas o que aparece nos noticiários. A sorte é que este lado da montanha não foi afetado. Disseram que não haveria problema estarmos aqui. Um grupo da Defesa Civil esteve aqui pela manhã e apenas disse que, por precaução, deveríamos evacuar a cidade, mas que temos até amanhã à noite para sairmos. Eles dizem que é apenas para que possam fazer testes mais detalhados.

— Vejo que ainda há alguns turistas por aqui. Você por acaso ouviu alguém comentar algo que possa ter visto de diferente na região? — investigou Edward.

— Este lugar no fim das contas serve apenas como parada para os viajantes abastecerem, comerem e descansarem. Quando eles chegam, apenas pedem informações sobre direções, dicas de alguma trilha menos movimentada. Muitos procuram exclusividade. Sabe como é... Universo das redes sociais onde todo mundo quer um bom ângulo em um lugar exótico para suas fotos. Você pode levar a sua família para conferir, temos uma bela vista do mirante — falou apontando para os fundos da loja, ao observar que o homem estava acompanhado de Stella e das crianças. A jovem ficou constrangida pelo fato de Edward não negar que eram uma família, mas entendeu que, quanto menos falassem sobre si, seria melhor.

Edward agradeceu e saiu para abastecer o carro. Stella aproveitou para comprar alguns itens de comida e água. Enquanto isso, as crianças se dirigiram ao mirante para observar a paisagem. Próximo às crianças, havia duas pessoas que usavam roupas esquisitas para um passeio. Pareciam mais dois exploradores como aqueles que se viam nos filmes de aventura. Luce puxou a mão do irmão de modo que ele não olhasse tanto para o casal à sua frente. Ambos estavam observando a cadeia de montanhas que desenhava o vasto continente verdejante.

— Ah... Isto aqui é um perfeito ar puro!

— Não deixe os seus olhos te enganarem — disse a mulher, que estava com uma máscara em seu rosto, ao rapaz ao seu lado.

— O que a senhorita quer dizer com isso? — falou o jovem em tom já preocupado.

— Apenas uma intuição... Se os animais estão fugindo até mesmo da montanha, deveríamos duvidar de tudo ao nosso redor.

— A senhorita Anna é muito perspicaz... Eu devo anotar isso para o futuro — comentou o jovem pegando o celular, gravando as últimas palavras daquela que parecia ser algum tipo de mentora.

Luce e Salt ouviram o diálogo dos dois de maneira discreta. Sabiam dos avisos sobre a Ilha e que os animais estavam inquietos por algum motivo. Esse fato os deixou curiosos, visto que Altair,

Floquinho, Missy e Lua pareciam tranquilos. Os irmãos pensaram que, por não serem animais selvagens, poderiam não ser afetados pelo que acontecia, mas estranharam o fato de a ave, que antes estava na estrada e possivelmente tentando fugir, estar calma e não mover nem sua asa boa. As crianças ouviram a voz de sua tia Stella se aproximando, chamando pelos seus nomes. Quando a tia os avistou, correu na direção do mirante, e seus olhos se encheram de alegria com a paisagem que via.

— Uau... Isto é realmente incrível! Eu não sabia que haviam feito esse mirante aqui! Tanto tempo que não passo por esta serra! — lamentou-se Stella que, vivia indo com seu pai e suas irmãs até o continente por este caminho, quando ainda não haviam construído a estrada que atualmente dava acesso à ponte principal. Por questões ambientais, passou a ser o caminho oficial para todos, pois o trânsito de animais silvestres era maior naquele lado da Ilha. Pensou na figura de seu pai novamente, e uma onda de tristeza invadiu seu peito. Edward se aproximou do grupo e percebeu a tristeza da jovem. Resolveu comentar algum assunto aleatório para fazê-la aproveitar o breve momento de paz.

— Vocês vivem na Ilha há muito tempo? — perguntou.

— Oh... Você está aí — falou a jovem, tendo seus pensamentos raptados pela pergunta. — Eu praticamente nasci na Ilha. Meus pais moram aqui há mais de 40 anos.

— E você? Não tem muito tempo que me mudei para Terra Nova, mas não me lembro de ter visto você na praia ou em outros estabelecimentos. Meu pai conhece praticamente todos na Ilha.

— Na verdade, a casa onde eu vivo hoje pertencia ao meu avô. Ele foi o homem mais incrível que eu conheci na vida. Infelizmente, morreu há alguns anos, e desde então eu passei a vir com mais frequência a casa. Minha avó não tinha interesse em vender, pois tinha muitas recordações dele, e, como sempre fomos muito próximos, ela pensou que eu iria gostar de passar algum tempo por aqui. Ela começou, então, a criar situações em que eu precisava estar aqui. Dizia que os animais estavam invadindo a casa, que ela precisava de alguns reparos, que estava velha demais para cuidar de uma casa no alto de uma montanha, que isso agora era para a próxima geração... Entendi, por fim, que era a maneira dela de me passar as coisas de meu avô, sem me obrigar a morar aqui. Ela sabia que eu tinha a minha vida e não queria se intrometer, mas sabia que eu ficaria feliz em poder reviver algumas memórias tendo comigo alguns objetos que eram de meu avô.

— Ela parece muito perspicaz e gentil. Eu me alegro que tenha tantas boas recordações neste lugar. E seus pais?

— Meu pai se chama Juan; e minha mãe, Isabo. Eles moram na cidade com minha irmã e minha avó. Hoje em dia eles preferem visitar lugares mais acessíveis e com poucas horas de viagem, para evitar que minha avó se esforce muito. Sempre que posso vou visitá-la. Gosto de passar algum tempo conversando com ela, me faz rir de uma maneira que poucos conseguem. Enfim... É por esse motivo que hoje vivo aqui.

— Você não pensa em se mudar? Ir para Terra Nova?

— Passei minha infância nesta montanha. Meu avô me ensinou muitas coisas e, de certa forma, meu gosto pelos astros teve um pouco da influência dele. Ele costumava passar as noites do lado de fora da casa e me dizia para permanecer em silêncio, pois assim poderíamos ouvir melhor o que o mundo queria nos dizer. Ensinou-me a me localizar por meio das estrelas, a amar os animais, respeitar a natureza, enfim. Não tenho vontade de estar na cidade grande mais do que o necessário...

— É uma grande coincidência...

— O quê?

— Eu também tenho interesse em assuntos sobre o universo. Com tudo o que está acontecendo, não parei para pensar sobre isso. Meu sonho é conhecer o deserto do Atacama.

— Não, não, não, não, não!

— O que foi?

— Esse é o MEU sonho. Já fui a muitos lugares onde você tem uma visão privilegiada do céu. Em Tenerife, o céu brilha de uma maneira diferente. Parecem pedras preciosas de todas as cores. Falta conhecer o deserto do Atacama. Imagino que ali o céu brilha de uma maneira que não se vê em nenhum lugar do mundo.

A jovem sorriu com mais essa coincidência.

— Quem sabe, depois que tudo isso terminar, a gente não possa fazer uma excursão para lá? — sugeriu.

— Seria incrível! Estamos combinados! — respondeu animado para encorajar a amiga.

— Eu te agradeço por compartilhar. Isso me faz recordar os momentos que tive quando criança com os meus pais.

O rapaz colocou os braços em seus ombros e a segurou firme, para demonstrar que ela não estava sozinha. Ele estaria ali ajudando no que pudesse.

O casal que, antes olhava as montanhas, notou o pequeno grupo ao seu lado e não pôde deixar de pensar que seria uma família. Quem via a cena facilmente pensaria que era um casal em uma cena romântica. O jovem rapaz mexeu em seus óculos de maneira a disfarçar a vergonha pelo fato de sua companheira estar olhando para ele quando ele olhava para Stella e Edward. Ficou vermelho com a cena e desconfortável. A mulher que o acompanhava aproveitou a oportunidade e acenou para a família.

Edward percebeu, pelas roupas da mulher e do homem, que provavelmente trabalhavam em algum centro de estudos. Resolveu puxar assunto para ver por que estavam ali e se poderiam ter alguma informação importante sobre os últimos acontecimentos.

— Olá! A paisagem é realmente bonita, não? — Edward falou alto enquanto Stella ainda estava se recompondo das lágrimas que caíram momentos antes.

— É muito bonita, sim! Vocês deveriam experimentar olhar lá de cima! — disse apontando para o alto da montanha. A mulher permanecia parada com as mãos para trás.

— Nós já sabemos — continuou Edward procurando estender o diálogo enquanto se aproximava.

— Vocês vieram de lá? — perguntou a mulher, com certa curiosidade.

— Na verdade, eu moro no alto desta montanha! — respondeu Edward, orgulhoso.

— Então eu acredito que você conhece muito bem a região. — A mulher misteriosa parecia interessada.

Edward não estranhou a pergunta, visto que muitas pessoas iam até o lugar para passeios, pesquisas pela fauna e flora, já que era uma reserva natural protegida, embora algumas pessoas mal-intencionadas sempre aparecessem tentando se aproveitar para pegar alguns animais raros e fugir pelo mar.

— Sim... Eu moro aqui há muitos anos e posso dizer que conheço boa parte destas terras.

— Então você poderia me ajudar a encontrar esse lugar aqui? — A mulher pegou o celular e mostrou a Edward a foto do que parecia ser a entrada de uma caverna. Ele a olhou atentamente e não conseguiu reconhecer o local. Poderia ser em qualquer parte da montanha e, embora ele conhecesse muitas passagens para cachoeiras, grutas e rios escondidos, não poderia dizer que conhecia toda a região.

— Desculpe-me, mas eu vou ficar devendo essa... Eu sou astrônomo, então, se você me perguntar onde está cada constelação no céu, eu poderia te ajudar... Digamos que eu ando com a cabeça mais nas nuvens do que com os pés no chão.

A mulher riu da comparação e disse em tom animado:

— Ora, ora... Então eu estou com um amigo da ciência na minha frente?

— Estou mais para amigo das estrelas do que dos seres humanos... E dos animais também! — respondeu enquanto apontava para Altair.

— Além de ser um homem conhecedor dos astros, tem bom humor! Eu gosto disto! — disse a mulher estendendo a mão para se apresentar. —Chamo-me Anna Lacroix... Esse aqui é meu companheiro de pesquisas, doutor Pierre Berthier... Somos do ramo da mineralogia e geologia. Muito prazer, senhor...?

— Bartrand... Chamo-me Edward Bartrand. A senhora por acaso não seria parente do famoso minerador Alfred Lacroix?

—Sim... Ele mesmo. Um parente distante. Acredito que a geologia está no sangue da minha família.

— Fico feliz em poder te conhecer. Confesso que um dos meus hobbies é colecionar as mais diversas pedras que encontro e que considero peculiares. Tenho várias na minha casa. Seria um prazer se algum dia a senhora pudesse analisá-las. Muitas delas encontrei aqui mesmo na montanha, outras na ilha ou durante minhas viagens.

— Seria um imenso prazer. Mas não me chame de senhora, está bem? Não gostaria de parecer mais velha do que eu realmente sou — falou rindo da maneira formal com a qual Edward a chamara.

— Desculpe-me... É apenas força do hábito. Normalmente é assim que falamos no centro de pesquisas. Algumas pessoas podem se mostrar bem sérias no ramo científico.

— Não se preocupe. Não é o meu caso. Mas eu agradeço o convite para analisar as pedras que você coleciona. Com seu olhar analítico sobre os astros, suponho que podemos encontrar algumas coisinhas bem interessantes guardadas com você. Além do mais, poder trocar ideias com um estudioso dos astros seria interessante... Nossos trabalhos são semelhantes, visto que as pedras nada mais são do que versões em menor escala do que você observa e procura lá fora. Afinal de contas, explorar nosso planeta é o mesmo que explorar o céu. Quanto mais fundo no planeta, mais distante no universo, você concorda?

Edward ficou encantado com a capacidade que a mulher tinha de análise e simplificar o que para muitos poderia parecer complexo. Anna parecia uma pessoa muito interessante e poderia dar seu parecer científico sobre o que estava acontecendo na Ilha. O homem chamou Stella e as crianças para perto e os apresentou. Os irmãos pareciam deslocados com a conversa que ouviam. Luce gostava de astronomia, interesse herdado de sua tia, enquanto Salt sempre imaginou que no espaço pudesse haver alienígenas que invadiriam a terra a qualquer momento. As crianças se lembravam da última conversa que o avô teve com eles sobre Gran.Edin. Seria interessante poder estar perto de Edward e perguntar a ele algumas coisas que descobria ao observar o céu e fazer suas fotografias. Se eles não tinham como provar a existência de Gran. Edin por meio de livros ou achados arqueológicos na Terra, talvez poderiam encontrar algo nos céus.

Stella, a princípio, estranhou o fato de os dois estarem ali procurando por cavernas, considerando os avisos para evacuação. Mesmo que estivessem relativamente distantes, as entradas para a Ilha seriam fechadas em breve, a fim de evitar que curiosos despreocupados fossem até lá. Apenas pessoas autorizadas poderiam acessar o local, até que as autoridades liberassem o acesso novamente.

— Desculpe-me a intromissão, mas vocês não viram os avisos sobre o bloqueio das estradas que dão acesso à Ilha?

Pierre tossiu levemente, desconcertado e sem reação. Anna olhou o amigo por cima do ombro e tomou uma postura um pouco despreocupada.

— Sim, minha jovem. — A geóloga se dirigia a qualquer pessoa como ela fosse mais velha, porém tinha apenas um ano a mais que Stella. — Nós apenas estávamos tentando marcar os locais possíveis em nosso mapa, para que pudéssemos saber onde concentrar nossos estudos quando retornarmos. O mirante ficava no caminho e apenas viemos dar uma última olhada na vista. Infelizmente, quando chegamos, vimos o aviso de evacuação. Não iríamos fazer uma viagem dessas sem aproveitar ao menos um pouco a bela paisagem, não concorda? Acredito que vocês estão fazendo o mesmo. — Sorriu enquanto voltava o rosto para a cadeia de montanhas à sua frente.

Stella entendeu a situação. Eram dois jovens em busca de aventuras e do sonho que movia suas vidas. Não era muito diferente dela. Talvez em circunstâncias diferentes, estaria fazendo o mesmo, buscando inspiração para suas histórias e ilustrações. Todo aquele cenário que se fez nos últimos dois dias seria material suficiente para começar um novo projeto e apresentar no trabalho. A jovem sorriu e se calou diante da resposta da doutora, não querendo mais incomodar.

— Já que estamos aqui, não posso perder a oportunidade de perguntar para uma profissional quais as possíveis consequências para a Ilha após o incidente com o foguete.

Edward aproveitou o momento para entrar no assunto. A mulher parou por alguns segundos, ponderou sobre o que iria falar. Como Edward, Stella e as crianças não pareciam um grupo suspeito, respondeu de forma sincera.

— Meu jovem... Você também é um homem da ciência. Está me perguntando se o lançamento de um foguete teve seus destroços caídos nas proximidades da Ilha? A probabilidade de acontecer é nula, e, mesmo que tivesse ocorrido, não implica maiores prejuízos à Ilha, a não ser que tenha tido a infelicidade de cair sobre alguém ou alguma casa ou estabelecimento. Mas o homem das estrelas aqui é você. Deve saber mais do que eu sobre essa "falha" no lançamento.

Edward deu um sorriso de canto e permaneceu em silêncio. Anna era muito perspicaz e tinha uma mente muito aguçada. Sabia que aquela pergunta tinha o intuito de investigar mais sobre a evacuação da Ilha.

— Agora vocês precisam nos desculpar, mas temos que seguir viagem. Foi um imenso prazer poder conhecê-los! — falou Edward estendendo as mãos a Anna e seu companheiro Pierre. Stella também estendeu a mão para cumprimentá-los enquanto eram observados pelas crianças.

— Garanto que o prazer foi nosso. Aqui está o meu cartão, caso deseje entrar em contato para trocarmos experiências sobre nossos trabalhos e para aquela visita. Acredito que poderíamos nos ajudar de muitas formas — disse Anna, entregando um pedaço de papel com suas iniciais. Era uma mulher de ânimo contagiante e que preenchia o lugar com sua risada e alegria. As crianças olharam para o papel com estranheza, não entendiam como alguém apenas não adicionava o número ao celular. A doutora percebeu o olhar dos dois irmãos e deu mais um sorriso alto. Ajeitou os óculos que lhe caíam pela extensão do nariz e se dirigiu aos pequenos, encurvando a coluna de modo que ficasse na altura das crianças.

— Eu apenas sou precavida... Estar em um lugar remoto pode trazer surpresas... É melhor ter o número anotado em um papel, pois ajuda a memorizar mais rápido. Afinal de contas, algumas vezes a tecnologia nos deixa na mão e temos que recorrer a outros métodos, não é mesmo, crianças? — disse olhando para o relógio e verificando que este havia parado. — Oh, céus! Os antigos não precisavam ter esses tipos de problema tendo um relógio de Sol para consultar!

Os jovens irmãos observaram a mulher e instantaneamente se lembraram da noite em que seus avós desapareceram, porém continuaram calados. Luce olhou desconfiada para a mulher, fazendo Stella intervir, se desculpando pelo comportamento pouco receptivo e calado dos sobrinhos.

— As crianças apenas estão cansadas... Está sendo uma longa viagem.

— Eu imagino... A viagem pode ser longa, mas não entediante, tendo um pai que pode ensinar tudo sobre o universo... A noite nesta região deve ter um céu incrível para observar!

Stella ia explicar que eram apenas seus sobrinhos, porém Edward segurou sua mão e se adiantou terminando de se despedir.

— Como eu disse, foi realmente um prazer! Agora precisamos ir, pois está ficando tarde. Assim que estiver em Terra Nova, entro em contato e poderemos ver um momento em que possamos tomar um café. Dirijam com cuidado!

Edward e os demais seguiram em direção ao carro, observados por Anna e Pierre. O astrônomo voltou-se para seu tablet e, antes de continuarem a viagem, procurou o nome Anna Lacroix na internet. O resultado mostrava os dados acadêmicos da jovem e seu local de trabalho. Aparentemente, não havia nada muito estranho com a jovem que acabara de conhecer.

Ainda no mirante, Anna se virou para o companheiro e o advertiu:

— Venha, Pierre! Precisamos chegar à caverna antes do anoitecer, ou as coisas ficarão problemáticas para nós dois — falou enquanto apontava para o relógio parado. O rapaz consentiu com a cabeça e pegou sua mochila, seguindo a mulher que caminhava apressada e segura de onde estava indo.

Na estrada, o pequeno grupo continuava sua viagem. Stella estava pensativa sobre os últimos acontecimentos, enquanto Luce e Salt conversavam baixo, para que a tia não os ouvisse.

— O que foi aquilo lá no mirante? Eu senti uma sensação estranha quando aquela mulher falou com a gente.

— Você acha que ela sabe de alguma coisa? Do vovô e da vovó?

— Eu não sei o que pensar... Só sei que parecia que ela dizia algo importante.

— Não é melhor falarmos isso para a tia Stella?

— É melhor a gente não preocupar a tia. Pode ser só impressão minha. A menina voltou o olhar para a janela do carro e viu algumas nuvens se formando. Pensou na última tarde que havia passado olhando para o mesmo céu. Seus olhos marejaram, e lágrimas caíram sobre a asa da ave que estava em seu colo. Afastou um pouco o pássaro para acomodá-lo melhor em seu colo e afagou a nova amiga com carinho, como se aquilo fosse um alento para sua jovem alma aflita. Pensou em como era bom ter a tia ali com ela e o irmão. Em breve, estariam em casa e poderiam rever seus pais.

A noite tinha chegado quando o grupo chegou ao pé da montanha. Sentiam alívio ao verem as luzes da cidade piscando, como se os estivessem recepcionando. O centro da cidade não estava muito longe dali.

Quando Terra Nova surgiu, o modelo foi desenhado de maneira que se assemelhava a uma ave, com a cabeça voltada em direção à Ilha dos Pássaros.

Isso ajudava na locomoção, já que Terra Nova ficava no centro e tinha saída para todas as demais cidades vizinhas. Essa configuração também facilitava o acesso às partes mais distantes da cidade, pois diminuía o tempo de translado.

O grupo se aproximava cada vez mais do seu destino final. Stella tentava ligar mais uma vez para suas irmãs, a fim de saber alguma notícia sobre seus pais e para avisar que estavam chegando.

— Aleena?

— Stella? Aqui é a Marvi, eu estou com o celular dela. Aleena está em outra ligação. Onde vocês estão?

— Estamos quase chegando em casa. Tiveram alguma notícia do papai e da mamãe?

— É sobre isso que a Aleena está tratando.

— Como assim? O que houve?

— Não sei direito, mas parece que outras pessoas também relataram o desaparecimento de familiares e amigos. A polícia está investigando.

— Eu não vi nada nos noticiários. Tanto a TV quando a internet só mostravam os testes com foguetes. Luce disse que viu um grande clarão no céu e, depois disso, o papai e mamãe tinham desaparecido como fumaça!

— Vocês precisam chegar logo... As crianças devem estar tão assustadas. Pobrezinhas! Vou preparar uma boa refeição para elas.

— Sim... Estamos quase chegando. Não devemos demorar... Em meia hora devemos estar em casa.

— Venham com cuidado... Existem alguns desvios por causa da construção do novo complexo turístico da capital do governo.

— Até logo, Marvi. Amo vocês.

— Também amamos vocês. E obrigada mais uma vez por cuidar deles.

CAPÍTULO 8

Escrito IX: Os Pilares da Criação

As luzes da cidade mostravam a vida que pulsava freneticamente nas noites de Terra Nova. Sendo uma cidade turística, era comum ver pessoas pelas ruas se divertindo e conhecendo a vida noturna. Havia muitas praias, belezas naturais, além da arquitetura histórica que conferia um charme especial à atmosfera cosmopolitana, misturando o clássico com a modernidade trazida pelo investimento do governo para impulsionar a economia e o bem-estar na cidade, tornando-a um dos polos mais convidativos para turistas de todo o mundo.

Com a instalação do centro de lançamentos no Cabo Queluz, há pouco mais de um ano, o Governador Enmercar, reunido com outros líderes estatais, colocou em prática o projeto de uma estrada que ligaria o deserto de San Juan à sede do governo em Terra Nova, seguindo o destino final em Cabo Queluz. Seria a chamada Rota Estelar, em alusão ao esforço do homem para alcançar os céus, continuando a sonhada exploração espacial, que passou a ser abraçada pelo governo do país.

Enmercar era jovem e ambicioso, tinha grandes planos para fazer com que Terra Nova fosse reconhecida como uma das melhores cidades para se viver no mundo. Por ser a capital do país, a sede do governo local e nacional se concentrava ali. O governador era o braço direito do líder da nação e fazia o máximo que podia para que a ordem e o crescimento não fossem abalados. Com o projeto que tinha em mãos sendo realizado com êxito, teve a ideia de reformular a sede dos governos para que ela também fosse um cartão postal e isso atraísse as pessoas. Não queria que fosse apenas um lugar formal de trabalho, mas que os cidadãos o vissem como símbolo de segurança, beleza e confiança, algo do que se orgulhar pela boa administração que tinham.

Na varanda da sede do governo, um homem observava a movimentação da cidade. Sua figura era esbelta, e os contornos de seus músculos podiam ser vistos suavemente embaixo do tecido de seu terno. As mãos brancas e frias pelo contato com o mármore do parapeito pareciam descansar enquanto os olhos atentos trabalhavam observando a agitação da cidade.

— Preocupado com alguma coisa? — perguntou Enmercar surgindo calmo do fundo da sala escura. Apenas a luz da Lua iluminava as feições da figura à sua frente.

— E por que eu estaria? — a voz grave disse em tom sereno.

— Os jornais já comentam sobre os lançamentos em Queluz como não bem-sucedidos. Felizmente os moradores da Ilha foram compreensivos e evacuaram o local com receio de que as estruturas das casas estivessem comprometidas. Acabei de receber uma ligação do Mestre Osmond. Ele estava um pouco preocupado, já que lá não temos um Zigurate com um líder que possa estar de olho nas coisas. Mas acredito que, a partir de agora, poderemos dar início aos trabalhos. A montanha é muito extensa, então algum curioso poderia subir por alguma área de mata fechada, usando alguma trilha. Com os avisos de evacuação, será mais fácil coibir qualquer ação que coloque em risco o trabalho da nossa equipe.

— Isso significa que as coisas estão indo bem... — O homem passou a mão pelos cabelos brancos e lisos que insistiam em cair sobre sua testa.

— Adam... Quando volto a você sem que tenha cumprido uma missão? — disse Enmercar, se aproximando do líder da nação.

— Obrigado. Assim, posso me concentrar na parte criativa dos projetos. Estar à frente da execução acompanhando de perto é um tanto cansativo para mim...

— Mas você sabe que detesto conversar com Osmond. Sobre isso, eu definitivamente não te perdoo. Pessoas extremamente disciplinadas na pseudorreligiosidade me deixam desconfortável. Eu entendo que você goste dele, mas falar com Osmond é abusar da minha paciência. Ele fala como se estivesse fazendo um sermão! Eu não pertenço ao séquito dele! — reclamou Enmercar, contrariado.

— Não pertence ao dele, mas faz parte do meu. — O homem com quem Enmercar conversava passou a sorrir de forma amistosa, o que denotava que ambos eram muito próximos.

— Você sabe que eu só aceitei entrar neste mundo porque você me fez ver que valeria a pena! Acredito que meu pai gostaria mais de ter você como filho do que eu... Não cansa de repetir para mamãe quão grato ele é por você ter influenciado o "filho rebelde" que agora é governador. Confesso que, quando eu era mais jovem, odiava o trabalho diplomático do meu pai. Mas no fim... Eu tive que dar o braço a torcer. Posso dizer que o trabalho é gratificante...

— E vamos muito mais além do que você imagina!

— Eu poderia apostar um bom vinho no que você está pensando, mas vou evitar que você gaste sua adega. Ao menos até reinaugurarmos o prédio. Nesse dia, podemos abrir quantas garrafas forem necessárias! — O rapaz se sentou no luxuoso sofá, afrouxando a gravata.

— Eu tenho muitos pensamentos em mente... Você deveria ir para casa agora, Enmercar. Está muito tarde...

— Eu sou seu "mestre de obras". É natural dar uma boa olhada antes de ir embora. Se tem alguma ideia em mente, eu sou a pessoa que fará se tornar realidade!

— Bom... Conversei com o arquiteto e o engenheiro responsáveis pela reforma do prédio. Estive pensando que, com um projeto tão ambicioso em mãos, precisamos fazer algo que supra as expectativas dos cidadãos em relação a nós. — O homem se virou e continuou falando de forma calma, porém com um tom que beirava à solenidade contida. — Não pode ser um lugar qualquer. Deve ser tão seguro, que ninguém ousaria invadir. Tão belo que o design arquitetônico e a simetria das formas impactariam pelo esplendor da arte. Acessível de forma que todos os povos, de diferentes nacionalidades, credos e classes sociais poderiam visitar e sentir como se estivessem em sua terra natal. Tão alto que se assemelharia a uma águia em seu voo, observando a terra pelos céus!

— Adam... Você está um misto de político com poeta. Isso emociona duplamente — falou satisfeito o governador ao amigo, que respondeu de forma divertida:

— De político, poeta e louco, todos temos um pouco, não concorda? — Ambos riram do pensamento não tão louco assim do líder da nação.

—Então, quer dizer que você quer que façamos um aumento nos andares do edifício? Teve sorte por eu ter incluído um anexo em um dos esboços iniciais. Não vai ser difícil fazer a mudança agora... — falou Enmercar entrando na sala, já pegando a planta original do projeto e a estendendo sobre a mesa que havia ali.

— Não precisa se preocupar, meu amigo. Você já tem muito trabalho com a estrada entre San Juan e Queluz.

Eu apenas fiz algumas alterações no entorno do complexo e no anexo. Ali faremos a sede principal onde vamos trabalhar. Se vamos fazer daqui um centro de turismo, precisamos pensar em como tornar isso possível sem atrapalhar os funcionários do governo e dando segurança para que todos possam estar aqui. Vamos fechar o entorno e deixar apenas a ala da frente aberta. Eu quero ter visão de toda a cidade da minha sala.

— Tivemos alguns problemas com alguns distritos vizinhos. Alguma atividade ilícita aqui, outra ali... Nosso complexo vai atrair muitas pessoas, e nem sempre sabemos as intenções delas. Precisamos nos manter seguros.

— Vamos oferecer tantos benefícios que dificilmente alguém terá necessidade de praticar algum ato ilícito entre nossos "muros". Você conhece a minha filosofia... Pessoas felizes não causam aborrecimentos.

— Você, como sempre, é um *gentleman*...Mas prefiro continuar a usar a linguagem das ruas em alguns momentos. Gente feliz não enche o saco! Talvez se eu falar mais assim com Osmond, ele entenda de uma vez, não? — Enmercar riu imaginando a cara que o religioso faria ao ouvi-lo falar o que gostaria.

— Não implique tanto com ele... Osmond pode ser um religioso agora, mas ainda é a mesma pessoa de quando eu o conheci.

— Como assim, Adam? Vai me dizer que aquele velhote tem um passado sombrio? Seria interessante instigar um pouco ele com esse tipo de assunto.

— Vou te pedir que não comente nada com ele. Esses termos para mim são muito relativos. Não considero coisas como "sombrias" ou "más". As pessoas usam essas palavras de forma leviana, como maneira de justificar aquilo que são em sua essência. Assim, se a grande maioria se ofende com o que você faz, a pessoa tem a chance de se "desculpar" com os envolvidos sem prejuízo público para si mesmo, visto que terão muitos juízes esperando para dar a sentença final.

— Você não acredita em arrependimento sincero?

— Acredito que as pessoas são como são por um motivo específico. Não deve ser vergonha você ser quem você é. Apenas precisamos saber entender as pessoas e entregar a elas algo maior do que seus anseios esperam.

— Mesmo que isso faça dano a alguém? — Enmercar parecia interessado na resposta de Adam.

— É por isso que estamos construindo nosso ideal de nação. Aqui não haverá o que se chama "dano a alguém". Tudo o que for idealizado por nós para que as pessoas tenham uma vida repleta de prazeres e benefícios será realizado.

— Se você está dizendo, meu amigo... Eu não me atrevo a retirar uma vírgula do que disse. Já me mostrou que é mais do que um desses políticos idiotas que temos na casa governamental.

— Onde você poderia encontrar um político mais honesto em suas palavras e ações do que eu? — Adam sorriu e levantou as mãos. — Só te peço uma coisa... Não comente o que eu falei sobre Osmond. O assunto surgiu no meu "confessionário".

— Está bem, está bem... Eu não vou perturbar o velhote. Não mais do que o necessário. Vamos mudar de assunto, pois falar dele não é exatamente meu passatempo favorito.

— Eu estava pensando... O que você acha de termos um símbolo que nos represente?

— Um símbolo? Como assim? Você diz como os selos oficiais? Ou algo mais publicitário?

— Digamos que seria interessante unir as duas coisas.

— Imagino que você já pensou e provavelmente até mandou criarem... — falou Enmercar, curioso e cruzando os braços atrás da cabeça.

— Eu pensei em algo bem imponente, que faça o complexo ser considerado a nova maravilha do mundo moderno!

— Pode continuar, Adam... Meu trabalho aqui é apenas coletar os dados para fazer exatamente como você idealiza.

Adam continuou muito concentrado em compartilhar suas ideias:

— Eu gostaria de nomear a sede do nosso governo com algo simbólico. Aqui estão sendo estabelecidos os "Pilares da Criação", estamos criando coisas novas para o futuro da nossa nação. É uma referência poética, não acha?

— Você se refere àquele famoso aglomerado de poeira? Realmente é uma referência, mas eu não poderia dizer que é poético no momento, já que temos mais poeira do que pilares erguidos. Aglomerado de poeira deveria ser o nome atual. — Gargalhou fazendo o amigo rir também.

— Você está muito afiado, Enmercar. Eu gosto disso. Mas deixe-me completar. Os Pilares da Criação ficam na Nebulosa da Águia, ter um palácio de governo em forma de águia ajudaria no marketing da cidade.

— Os bons ventos conspiram a favor das suas ideias, meu amigo.

Adam deu um sorriso e continuou:

— Estamos formando nossa "Rota Estelar", somos como um berço de estrelas. Isso não é coincidência, está escrita nos astros...

— Adam... Isso é incrível! Você é definitivamente o homem mais publicitário que eu já vi! Imagina o marketing que dará para a cidade! E para o país! Isso é loucamente perfeito! — Riu. — Eu acho que vou precisar daquela bebida neste exato momento!

— Existe algo a mais que eu gostaria de mudar... Mas não sei se vai ser do agrado da oposição.

— Se não vai ser do agrado deles, pode ter certeza de que já é do meu! Quando começamos a mudança?

Adam o olhava com uma expressão alegre. Gostava da companhia do amigo. Era nesses momentos que se sentia livre para ser quem era, sem se preocupar com os comentários de seus inimigos políticos ou da imprensa. Enmercar dava leveza a qualquer assunto que falassem, mesmo que fosse algo mais delicado.

— Eu gostaria de mudar por decreto as designações oficiais do líder do governo.

— Mudar? Não acredito que as pessoas vão aceitá-lo chamando a si mesmo de rei, Adam... — Enmercar não conseguia manter-se sério. Conhecia muito bem o amigo, e sabia que qualquer coisa que ele inventasse teria sempre uma conotação megalomaníaca que outros não iriam aceitar bem.

— Não se preocupe. Acredito que, se eu apresentar a proposta de forma apropriada, as pessoas vão querer a mudança.

— Então vamos lá! Do que o Excelentíssimo quer ser chamado?

— Al-Magíster.

— Como o seu sobrenome?

— Sim... Acredito que seja coerente com a proposta que estamos trazendo para este novo tempo.

— Você vai precisar refrescar a minha memória, pois eu não sou especialista em significado dos nomes... O seu quer dizer o que mesmo?

— Bom, segundo a definição do dicionário... É alguém que direciona outras... Tem habilidades ou conhecimento sobre algo. Um mestre, digamos assim. Mas não foi para me vangloriar que pensei nesse nome, não me interprete tão mal, meu amigo.

— Mas a definição não deixa de retratar a verdade. É o que você é, meu amigo. E isso você sabe que falo de coração.

— Agradeço suas palavras. Mas, quando pensei em Al-Magíster, foi por causa do tratado matemático e astronômico de Ptolomeu. Ele foi a principal fonte de consulta sobre astronomia na Grécia antiga. Também tem muitas informações sobre o matemático Hiparco. Al-Magíster apenas selaria a proposta que temos para a Nova Nação que vamos formar, trazendo uma grata referência a um documento tão importante para a história da humanidade e que nos leva de volta às estrelas. Podemos dizer que somos como Ptolomeu e Hiparco, meu amigo.

— Adam... Confesso que às vezes você me dá medo. Eu deveria contratá-lo para me empresariar. Com seu poder de convencimento, você faz qualquer um assinar um contrato sem ler!

Adam riu com a última fala do amigo e fez um gesto para que ambos fossem em direção à porta.

Os dois pegaram seus ternos e seguiram com os seguranças para o estacionamento. Havia alguns fotógrafos no local esperando Almagesto sair para pegarem o melhor ângulo. Despediram-se rapidamente, e cada um seguiu para a sua residência. O dia seguinte seria de muito trabalho, e ambos esperavam ansiosos pela reação das pessoas com as novidades.

Enmercar tinha uma história de vida um tanto quanto complicada. Estudara nas melhores escolas do país, mas, por ser um jovem rebelde, havia sido expulso muitas vezes. Tinha uma relação amorosa com sua mãe e de tolerância com seu pai, a quem via muito pouco por este passar a maior parte do tempo viajando. Era um político e tinha uma vida pública, o que fazia Enmercar se distanciar o máximo possível, pois não tolerava tantas pessoas ao redor dele.

No passado, seus pais o haviam adotado por não poderem ter filhos. Conheceram Enmercar no orfanato, com quatro anos de idade. O menino tinha poucas memórias do seu passado, mas sempre em sonho via a imagem de uma mulher entregando a ele um livro com uma história infantil. Desde que se deu conta de que sonhava sempre o mesmo sonho, chegou a fazer terapia para tentar lembrar-se de alguma coisa. Pensava que, ao conversar, as memórias poderiam vir à tona. Apenas conseguia distinguir uma menina e um bebê que tinham cores muito fortes em sua pintura.

O fato de tentar forçar suas lembranças tornavam-no um tanto irritadiço. Parecia que algo estava tentando surgir desesperadamente em sua mente, e isso agoniava o rapaz mais ainda. Não lembrar era algo que o perturbava profundamente. Passou a brigar frequentemente com os amigos da escola e na adolescência conviveu com pessoas que não eram consideradas boa influência para o filho de alguém tão importante. O jovem estava decidido a não continuar os estudos. Considerou que a vida que havia experenciado já era o suficiente e que ele nunca seria como o seu pai. Não por revolta contra ele, mas porque não se via como ele, paciente com pessoas que mais mereciam um soco no olho de tão hipócritas.

Enquanto estava em uma festa acompanhado por seus pais, foi apresentado a Adam, que era apenas dois anos mais velho que ele. Enmercar não o deu muita atenção, visto que Adam era um rapaz muito bonito e solicitado pelas garotas. Parecia mais um desses homens certinhos que queria agradar a todos. Enmercar apenas observava como o outro se comunicava. Não podia acreditar que alguém apenas dois anos mais velho do que ele parecia um ancião. Riu consigo mesmo ao ver a maneira educada e o discurso eloquente do rapaz. Após muitos apertos de mão, Enmercar se afastou do salão principal da festa e foi para o lado de fora. Estavam comemorando o Ano-Novo em um baile a fantasia.

Surpreendentemente Adam também foi para o lado de fora, se aproximando de Enmercar. Adam estava vestido como um pensador da Grécia antiga enquanto Enmercar preferiu ser um pirata. Sempre se sentiu mais à vontade em meio ao povo, até mesmo na hora de escolher uma fantasia. Ele se virou para o rapaz em trajes gregos e reparou nas várias mechas brancas que tinha em seu cabelo.

— Acho que você foi longe demais na caracterização do personagem. Se queria parecer uma estátua grega, conseguiu — zombou Enmercar.

— Ah... Isso? — Adam passou uma de suas mãos em seus cabelos. — Na verdade, não paguei por isso. Veio de brinde. — Tentou fazer graça com a situação. Enmercar entendeu o que ele queria dizer e tentou se desculpar pelo mal-entendido.

— Olha, cara... Eu sinto muito! Eu n-não sabia...

— Não se preocupe. Talvez eu tenha levado a caracterização de um pensador grego longe demais mesmo. Pensei tanto que envelheci uns dez anos! — falou rindo de si mesmo, o que fez Enmercar rir automaticamente. — Então você é o filho do Sr. e da Sra. Uruque. Não parece muito feliz aqui.

— Sim... Na verdade, esse não é o estilo de vida de que eu gostaria.

— Mas acredito que você tenha tudo o que deseja. Pode fazer e ir para qualquer lugar que tenha vontade.

— É como dizem... Vontade é algo que dá e passa! As mudanças são rápidas demais. Isso não significa exatamente ter propósito.

—Você gostaria de viver uma vida com propósito?

— Bom... Você não é meu terapeuta. Vai fazer essa consulta de graça? — ironizou Enmercar.

— Desculpe a intromissão. Eu não queria incomodar. Só estava tentando fazer um amigo.

— Esse é seu propósito? Fazer amigos?

— Digamos que sim.

— E eu posso saber por que você quer ser o meu amigo? No salão você parecia muito ocupado com as garotas, os velhotes. Não tem ninguém entre eles para fazer amizade sincera? — Riu, pois sabia que naquele meio as pessoas conviviam por conveniência.

— Eu estive te observando. Você é como eu... Está onde sua família precisa que esteja.

— E isso faz de nós pessoas iguais? Não acredito... Apenas temos interesses envolvidos em momentos específicos. Não estou sempre onde os meus pais gostariam que eu estivesse.

— Eu acredito que você está enganado.

— Por que diz isso?

— Você está conversando comigo. Tecnicamente está onde eles gostariam que estivesse.

Enmercar soltou uma risada que chamou a atenção de quem estava por perto.

— Você é realmente incrível! Está conseguindo me vencer em um duelo de palavras! Poucas pessoas conseguem me fazer ficar sem ter o que falar.

— Eu agradeço o elogio. Isso quer dizer que aceita?

— O quê?

— Ser meu amigo.

Enmercar sentiu-se leve com a conversa que acabara de ter. Há muito tempo não se sentia bem naquele ambiente forçado, com tantas pessoas de interesses distintos. Estendeu a mão a Adam e o convidou para uma bebida dentro do salão. Daquele dia em diante, os dois tornaram-se como dois irmãos que se protegiam e se apoiavam. O jovem, influenciado por Adam, entrou na vida política e consolidou uma carreira de sucesso, assim como o seu pai, quem estava orgulhoso e agradecido por Adam ter se disposto a se tornar amigo de Enmercar e aconselhado a seguir a política.

Desde aquela noite, o jovem não teve mais os sonhos que o atormentavam...

Capítulo 9

Escrito X: A Zona do Evitamento

Longe dali Edward, Stella e as crianças chegavam à cidade de Terra Nova. Estavam felizes em poder finalmente deixar para trás, mesmo que em parte, os problemas que estavam tendo para chegar ao local. Quando os veículos estacionaram, Aleena e Marvi foram em direção à entrada para receber o grupo. Luce e Salt saltaram do carro e correram para os braços de seus pais. Marvi e os filhos Gael e Pérola se aproximaram de Stella e a abraçaram com muita alegria por ver que estavam bem.

— Irmã! Graças a Deus estão todos bem! Eu não via a hora de colocar os olhos em vocês! E as crianças, meus lindos! Venham aqui com sua tia Marvi!

Após abraçar os pais, Luce e Salt foram ao encontro dos primos e dos tios. Enquanto isso, Stella chamava Edward para apresentá-lo para a família.

— Pessoal, a gente só conseguiu chegar aqui em segurança porque encontramos um anjo para nos ajudar! Este aqui é Edward e, desde que passamos pelos primeiros problemas na estrada, ele prontamente está nos ajudando!

Gilbert e Dimitri se apresentaram ao homem e agradeceram em nome da família. Perguntaram se ele tinha algum lugar para se hospedar em Terra Nova, e o rapaz disse que não se preocupassem.

— Minha família mora em outro distrito, mas tenho alguns conhecidos que trabalham comigo. Já entrei em contato com eles, e estão me esperando.

Stella chamou Aleena em um canto e comentou que seria melhor Edward se hospedar ali pelo menos aquela noite. O rapaz havia cedido a casa para ela e os sobrinhos, e nada mais do que justo retribuir o enorme favor que o homem estava fazendo se dedicando a ajudá-los por tanto tempo. Aleena concordou com o que a irmã havia falado. Seria uma grande desfeita não receber o rapaz que tanto ajudou seus filhos e sua irmã. Sabia que, se não fosse por ele, as coisas poderiam estar muito piores. Talvez ainda estivessem na Ilha. Conversou com Dimitri, e ele concordou e tomou a iniciativa como homem da casa.

— Edward... Nós não temos como agradecer tudo o que fez por nossos filhos e por Stella. Não posso aceitar menos do que você passar ao menos a noite aqui conosco. Se você quiser, amanhã pode ir aonde desejar, mas ao menos por hoje fique aqui conosco. Está tarde de qualquer maneira e, desde que aconteceram as coisas na Ilha e no Cabo Queluz, as autoridades têm sido insistentes em evitar que as pessoas andem pelas ruas à noite. Dizem até que por hora vão decretar toque de recolher para evitar que pessoas mal-intencionadas se aproveitem da situação.

— Eu agradeço a gentil oferta... Falando dessa maneira, não posso recusar — disse um pouco envergonhado.

— Vou preparar o quarto para Edward. Venha me ajudar, Pérola!

— Mamãe, posso trazer a Lua para dentro de casa? Não se preocupa, pois ela não está voando. Ela ficou tão quietinha desde que o tio Edward cuidou dela!

Aleena olhou para Stella, que corou quando a sobrinha chamou o homem de tio, fazendo-o sorrir com a inocência da menina.

— Salt, esses são seus amigos? Vamos levá-los lá para dentro e preparar um quarto de hóspedes para eles também? — falou Gael para o primo, observando Floquinho dar voltas tentando chamar Altair para conhecer onde estava sua cama de dormir. Missy seguia os cães desconfiada, mas estava tão cansada da viagem que, quando viu a cama de Flock, se deitou para dormir, fazendo o cão olhar para ela, Salt e Gael ao mesmo tempo. Altair já parecia mais acostumado com Missy e foi se deitar ao lado dela.

— Ei, garoto... Não se preocupa. Hoje você precisa ceder o seu quarto para os nossos amigos. Você vai dormir comigo, está bem? — disse Salt, muito alegre de poder finalmente dormir em sua cama.

Luce, por sua vez, pegou Lua cuidadosamente e, com ajuda de Pérola, colocou-a em outra toalha limpa.

— Aqui, Luce. Acho que é melhor ela dormir na área por hoje. A tia Aleena disse que talvez não seja tão bom estar perto da Lua por muito tempo, até ela passar por um veterinário. Precisamos verificar se ela tem alguma doença além do corte que foi feito nela.

— A mamãe tem razão. Espero que amanhã ela consiga levar a Lua logo para ser consultada. Assim, aproveitamos e vemos esse corte que o tio Edward cuidou. Ele ajudou a gente um bocado. Notei que a tia Stella ficou com menos medo quando ele veio para nos ajudar. Queria que ele fosse meu tio de verdade.

Pérola riu do que a prima acabara de dizer. Realmente pensar na tia Stella com Edward não seria uma ideia ruim.

Após o jantar, as crianças foram para o quarto brincar um pouco com Gael e Pérola. Enquanto isso, os seis adultos estavam na sala de estar conversando sobre a situação dos pais das três irmãs.

— É realmente inacreditável o que está acontecendo! Vamos reconstituir os fatos. Você disse que Luce viu uma luz e, em seguida, seus pais sumiram, certo? — perguntou Dimitri a Stella.

— Sim... Basicamente foi isso o que ela disse que aconteceu.

— E quem deve ser a pessoa com quem eles estavam conversando? — perguntou Marvi. — Tentei ligar para parentes, amigos, alguns conhecidos mais distantes, na tentativa de ter alguma pista sobre quem poderia estar lá.

— Pessoal... Eu não sei se essa informação pode servir, mas, como vocês têm contatos entre os oficiais, acredito que possa ajudar no quebra-cabeça. — Edward pegou o celular e mostrou as fotos que havia tirado na noite em que os pais de Stella sumiram.

— Mas o que é isso? — perguntou Gilbert, sem entender.

— Vou explicar melhor. Sou astrônomo e faço astrofotografia em *time-lapse*. Minha câmera fica apontada para o céu por muitos dias, às vezes, meses. Nessa noite eu estava tentando completar um projeto que estava acompanhando com alguns amigos. Enfim... Assim como as crianças, eu também vi os raios luminosos no céu e corri para o telhado da minha casa para ver se poderia ser uma chuva de meteoros. Achei estranho, pois não havia registros de eventos como esse para aquela noite. Para resumir, fui olhar o que as lentes da câmera capturaram e foi isso o que descobri. Se vocês olharem atentamente, podem verificar os mísseis que também saem do chão, por coincidência, da região de Cabo Queluz.

— Estranho! — disse Gilbert. — As crianças não viram nada anormal na academia. Nós até perguntamos se na base área os oficiais comentaram alguma coisa anormal, por conta do que Luce e Salt haviam descrito, mas era como se fosse mais um dia comum no centro militar.

— Mas as imagens não mentem! Isso aqui são aviões de caça tentando abater algum objeto — respondeu Dimitri tentando entender as imagens.

— O que acreditam que possa ser? Por que as autoridades estão escondendo isso? — perguntou Aleena.

— Olha... Eu sou astrônomo e posso garantir que não houve problemas com foguetes ou qualquer coisa do tipo. Já pesquisei a trajetória, conversei com Stella sobre a possibilidade. É quase nula. Eles evacuaram a Ilha por algum outro motivo que pode ter a ver com aquela noite.

— Além do mais... Quando eu estava tentando ir embora, havia algo estranho na Ilha. Os animais estavam fugindo como se tivesse algum perigo para eles. Alguma coisa está acontecendo ali, e eu tenho quase certeza de que isso envolve nossos pais.

— Se isso for verdade, a gente precisa voltar para a Ilha — Dimitri concluiu. — Não tem como saber de mais nada se a gente não estiver por lá!

— Eu soube que o Mestre Osmond estava conversando com os policiais para se empenharem mais na evacuação das pessoas. Ele disponibilizou o salão de convenções do Zigurate de Terra Nova para receber as pessoas que não tenham acomodações suficientes nos hotéis. O estranho é que, desde que houve a evacuação, algumas famílias foram à polícia registrar o desaparecimento de familiares — completou Marvi.

Enquanto a conversa se desenrolava com muitas teorias, Edward lembrou-se de algo que havia ouvido no rádio amador na noite do desaparecimento.

— Eu tenho costume de ouvir algumas notícias, como forma de precaução, pelo rádio amador e, na noite que seus pais sumiram, ouvi algo que, de início, não me preocupou muito, mas agora acredito que pode ter alguma serventia.

— O que foi, Edward? — Stella perguntou, ansiosa.

— Alguém parecia assustado... Era como se algo grande e espantoso tivesse acontecido bem na frente dele.

— Quanto mais as informações aparecem, mais estranho tudo fica. A única coisa que sei é que, em Terra Nova, não vamos encontrar as respostas que precisamos. E, se a polícia sabe de alguma coisa, não acredito que seremos as primeiras pessoas para quem eles vão dizer algo — falou Aleena, irritada.

— Eu posso procurar algo por aí. As pessoas em Terra Nova não me conhecem. Se vocês forem às ruas, certamente vão encontrar algum oficial que vai dizer apenas o necessário. — Edward estava disposto a ajudar a família. Aquele mistério, de alguma maneira, também passou a fazer parte dele. *Se registrei aquelas imagens, era porque estava destinado a isso*, pensava consigo mesmo.

— Está muito tarde, Edward. Você dirigiu por muito tempo! Precisa descansar... — Stella estava preocupada com os pais, mas também se preocupava com quanto o homem se envolvia nesse assunto. Temia que algo ruim acontecesse com ele também. Não queria perder mais ninguém...

— Stella, não vou demorar... Prometo. Só vou entrar no carro e dar umas voltas por aí. Talvez para mim seja mais fácil encontrar algumas pistas do que para vocês.

— Ele tem razão. Já sabemos que podemos confiar em Edward. Neste momento, é a única pessoa que pode nos ajudar sem levantar suspeitas por ter alguma ligação conosco — concluiu Gilbert.

Edward deu o número de telefone para que permanecessem em contato durante a noite. Stella deu um abraço em agradecimento ao homem antes de ele entrar no carro. Altair, percebendo que o amigo estava de saída, se posicionou para ir junto, mas Edward se inclinou, o afagou e disse: — Agora não, amiguinho... Hoje você precisa ficar na casa e cuidar deles para mim, ok? — O cão se afastou quando o rapaz se levantou para entrar no carro, acenou para o grupo que ficava e entrou no veículo. E, como nos filmes de ficção científica, rumou para o desconhecido...

Edward andou por alguns quilômetros observando a movimentação na cidade. Parou para pedir informação a algum guarda sobre o toque de recolher e confirmou que seria obrigatório nos próximos dias.

Agradeceu a informação e continuou sem destino. Viu o complexo turístico que estava sendo construído e pensou em como o ser humano não poderia ser mais idiota tentando construir coisas que só serviam para aumentar seus egos.

Enquanto se afastava da cidade, notou que havia uma área que parecia mais precária do que as demais. Era um distrito pobre, que, com certeza, não tinha muito a ver com a propaganda que estava sendo feita em Terra Nova sobre turismo. Pensou consigo qual tipo de turismo o governador estaria cogitando fazer ali. Resolveu que seria interessante dar uma volta pela região. Edward era um homem que tinha tido muitas vivências e sabia como lidar com qualquer tipo de pessoa. Sabia estar entre ricos e pobres, pois não fazia acepção de pessoas.

Ao se aproximar do distrito, observou que até mesmo a iluminação era precária, o que, por ironia, fazia com que tivesse uma boa visão do céu. Ali era tudo muito brilhante... Ficou feliz com a imagem do céu que via.

Ao menos ali essas pessoas têm um tesouro de real valor, pensou consigo mesmo.

Edward resolveu parar o carro quando viu um morador de rua perto de uma fogueira. O jovem pegou uma das sacolas que tinha trazido de casa para a viagem com Stella e as crianças. Ela ainda estava cheia com as coisas que havia colocado. Tinha algo de água, comida e frutas. Teve a ideia de entregar ao homem e conversar um pouco.

— Ei... A noite não está fria para uma fogueira! — constatou Edward.

O homem que observara o carro se aproximar e parar olhou bem para Edward e respondeu com uma voz baixa: — Eu não faço a fogueira para espantar o frio, meu senhor. Faço para espantar as coisas que não podemos ver...

O rapaz sentiu um frio na espinha quando ouviu as últimas palavras do homem, mas sabia que aquela era uma boa oportunidade para saber mais.

— E essas coisas que não podemos ver... Por acaso, apareceram esses dias?

— Tem dois dias que elas apareceram novamente. Há muito tempo não as via, mas agora resolveram voltar. Estão ali. Acho que tem algo precioso que estão buscando — falou apontando para o céu.

— E você pode me dizer como são essas coisas que não se podem ver? Eu gostaria de estar prevenido para quando elas estiverem próximas a mim.

— Não se preocupe... Enquanto estiver aqui, você estará seguro. Aqui é onde o trabalho de alguns deles está terminado... Este lugar se chama de Zona do Evitamento.

— Mas, se você disse que fez essa fogueira para evitar as coisas que não se podem ver, como pode dizer que estou seguro aqui?

— A Zona do Evitamento não tem esse nome à toa. Eles nos deram como forma de limitar as áreas em que atuariam. Enquanto estiver aqui, estará mais seguro do que lá fora. Eu apenas fiz essa fogueira porque o céu fica claro. Se ele fica claro, não consigo ver as coisas que não se podem ver. Os homens de uniforme estão por todos os lados. Dizem que algumas pessoas estão sumindo.

— Você acredita que eles têm relação com isso? — Edward perguntou, cauteloso.

— Oh... Não... Eles estão nervosos... Alguns vieram à Zona procurar desaparecidos. Pensavam que estivessem escondidos aqui. Levaram alguns dos nossos para o lugar das celas. Eles querem obrigar as pessoas a saberem o que simplesmente não sabem.

— E o que você pensa que pode estar acontecendo?

— Eu só sei que os desaparecidos estão em um mundo que não se pode ver...

Edward agradeceu ao homem e voltou para o carro. Ficou pensativo com tudo o que o homem dissera. Pensou que ele poderia ter algum tipo de perturbação na mente, dadas as frases desconexas e misteriosas. Porém, pressentia que, de alguma maneira, aquilo poderia ter ligação com o que houve com os pais de Stella.

De volta a casa, Edward terminava de contar o que acabara de acontecer. Gilbert confirmou as palavras do homem e disse que a região ficou conhecida como

Zona de Esquecimento devido à pobreza em que o distrito vivia. Era um lugar marginalizado e pouco assistido pelo governo. Por mais que houvesse promessas de melhorias, aquela área ficou marcada pela presença de pessoas alheias à sociedade e que escolhiam viver com suas próprias regras. O líder do governo, orientado por Adam, respeitava a maneira com a qual escolhiam viver; por esse motivo, dava apenas o necessário para a manutenção da saúde pública. Enmercar mesmo viveu há muito tempo em meio a essas pessoas e sabia que não adiantava forçar um estilo de vida. Elas precisavam querer abraçar as oportunidades que lhes eram oferecidas.

— Então foi isso... Ele disse que as pessoas desaparecidas estavam em um mundo que não se pode ver — terminou de contar sua aventura para todos.

Luce e Salt não conseguiram dormir até que Edward tivesse chegado. Também estavam preocupados e tinham a esperança de que pudessem ter alguma boa notícia. Quando o homem disse a última frase, os dois irmãos se entreolharam e ficaram surpresos pela coincidência com a história que seu avô contara para eles.

— Luce... Você está pensando o mesmo que eu? — perguntou o menino, com os olhos arregalados.

— Acredito que sim, Salt... E, se isso for verdade, vamos precisar contar para o papai e a mamãe o que o vovô disse para a gente.

O menino foi até a caixa onde estavam guardadas as sementes e a enigmática frase que possivelmente sua avó havia dado a eles. Releu em voz alta os dizeres que estavam no papel.

— Luce, e se isso for como um mapa do tesouro?

A menina sentiu um aperto no coração, como se aquilo fizesse sentido de alguma maneira. Talvez seus avós estivessem tentando dizer a eles alguma coisa que seria importante para o futuro de todos...

Fim do Volume 1

Luciana Dias Pereira

Nascida na cidade do Rio de Janeiro, aprendeu as primeiras letras com sua mãe Iolanda e seu pai José. Caçula de três irmãs, cresceu nutrindo o amor pela leitura e escrita, encontrando um universo diferente em cada história lida dos livros escolares que suas irmãs mostravam a ela.

Graduada em Letras e Pós-graduada em Revisão de Textos, atuou durante doze anos como professora no município da cidade do Rio de Janeiro. Em 2024 mudou-se para a cidade de Curitiba, onde continuou lecionando na rede Pública de Ensino.

Publique seu livro:

Conheça os livros da Editora Ases da Literatura em
www.asesdaliteratura.com